AF454007

DU

CHEMIN EN FER

PROJETÉ

DE PARIS A POISSY,

DESSERVANT

SAINT-CLOUD, VERSAILLES ET SAINT-GERMAIN.

DESCRIPTION

ET ÉTUDES DU SYSTÈME DE LOCOMOTION

APPLIQUÉ A CE CHEMIN DE FER.

Discussion et décision du Conseil général des Ponts et Chaussées à l'égard des chemins en fer proposés dans ces localités.

PAR MM. SURVILLE,

Ingénieur des Ponts et Chaussées, ancien élève de l'École Polytechnique,

ET GUILLAUME,

Architecte, ancien élève de première classe à l'Académie royale d'Architecture de Paris.

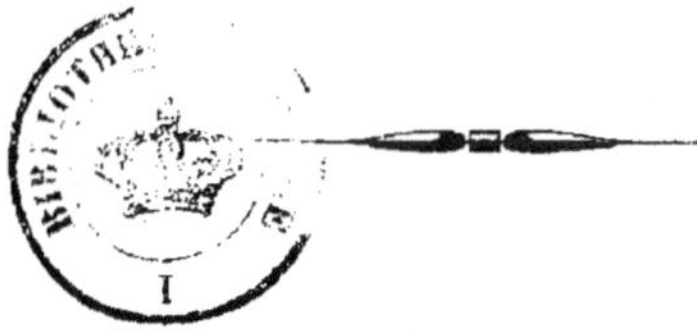

Paris.

CHEZ CARILLIAN-GOEURY,

LIBRAIRE DES CORPS ROYAUX DES PONTS ET CHAUSSÉES ET DES MINES,

Quai des Augustins, n° 41.

●●●

1835.

PARIS. — IMPRIMERIE LE NORMANT, RUE DE SEINE

DU

CHEMIN EN FER

PROJETÉ DE PARIS A POISSY,

DESSERVANT SAINT-CLOUD, VERSAILLES ET SAINT-GERMAIN.

DESCRIPTION ET ÉTUDES DU SYSTÈME DE LOCOMOTION

APPLIQUÉ A CE CHEMIN DE FER.

Discussion et décision du Conseil général des Ponts et Chaussées à l'égard des chemins en fer proposés dans ces localités.

CHAPITRE IER.

ÉTAT DE LA QUESTION DES CHEMINS EN FER PROJETÉS POUR PARIS, SAINT-CLOUD, VERSAILLES, SAINT-GERMAIN ET POISSY.

Nomenclature des projets de chemins en fer entre *Paris, Versailles, Saint-Germain* et *Poissy*. — Description de ces différens projets. — Discussion et décision du Conseil général des Ponts et Chaussées à leur égard.

L'avantage caractéristique des chemins en fer sur toutes les autres voies de communication connues, résulte de la vitesse considérable qu'ils permettent d'imprimer aux convois qui les parcourent, et c'est ainsi que ces chemins conviennent plus particulièrement au transport des *voyageurs* et à celui des *marchandises précieuses* ou *délicates*, pour lesquels une vitesse considérable est toujours avantageuse et souvent même indispensable.

Comme ce n'est qu'aux abords des grandes villes que se font principalement les transports de cette nature, c'est là aussi qu'il est plus convenable et plus avantageux d'établir *des chemins en fer ;* et voilà pourquoi, sans doute, dans l'essor industriel dont ces chemins ont été l'objet, il a été formé un si grand nombre de projets de chemins en fer, pour les environs de la capitale, et notamment pour les directions de *Paris à Versailles, à Saint-Germain ou à Poissy,* qui offrent plus que toutes autres des relations individuelles extrêmement actives.

Au nombre des projets de chemins en fer qui ont été présentés pour ces localités, nous citerons les suivans, comme ayant plus particulièrement fixé l'attention de l'administration, savoir :

1° *De Paris à Saint-Germain.*

Un projet de MM. *Lamé, Clapeyron* et *Flachat,* ingénieurs, qui aboutit au *pont du Pec,* au bas de *Saint-Germain,* et qui a été concédé à M. *E. Pereyre,* pendant la dernière session des Chambres.

2° *De Paris à Versailles.*

Un projet de M. *Devilliers du Terrage,* inspecteur divisionnaire des ponts et chaussées.

Trois projets successifs de M. *Polonceau,* inspecteur divisionnaire des ponts et chaussées, dressés *aux frais du Trésor* pour servir de base à l'entreprise du chemin en fer *d'Orléans à Paris.*

Un projet de MM. *Seguin* frères.

Un projet de M. *Corréard,* ingénieur géographe, dressé pour servir de base au chemin en fer *d'Orléans à Tours.*

Un projet de M. *Richard,* ingénieur du cadastre, et de M. *de Vergès,* ingénieur des ponts et chaussées.

Enfin, un projet dressé *aux frais du Trésor,* par M. *Desfontaines,* ingénieur en chef des ponts et chaussées.

5

3° *De Paris à Poissy.*

Un projet de M. *Webber*, qui passerait près de *Saint-Germain* et desservirait *Versailles* par un embranchement.

Un projet de M. *Rigaux*, qui atteindrait de la même manière *Saint-Germain* et *Versailles*.

Un projet passant par *Saint-Denis*, *Epinay* et *Maisons-sur-Seine*, dressé par M. *Bellanger*, ingénieur des ponts et chaussées, et présenté par MM. J. Lafitte et Riant, pour former la base du chemin en fer de *Paris à Rouen*, au *Havre* et à *Dieppe*.

Enfin, un projet de *Paris à Poissy*, desservant *Saint-Cloud*, *Versailles* et *Saint-Germain*, dressé par M. *Surville*, ingénieur des ponts et chaussées, et par M. *Guillaume*, architecte (1).

———

La principale ou pour mieux dire la seule difficulté que présente l'établissement d'un *projet de chemin en fer de Paris à Versailles, à Saint-Germain ou à Poissy*, résulte de la différence de niveau qui existe entre les plateaux sur lesquels sont situées ces différentes villes ou des hauteurs qui les séparent; ce qui distingue naturellement ces projets d'après les moyens proposés par leurs auteurs pour surmonter cette principale difficulté.

Avant de nous occuper spécialement du chemin en fer que ce Mémoire a pour objet de faire connaître, nous allons donner une idée sommaire de ces différens projets, et de la discussion qui a eu lieu lors de leur examen au *conseil général* des ponts et chaussées.

Projet de Paris à Saint-Germain,

De MM. LAMÉ, CLAPEYRON et FLACHAT, ingénieurs.

A l'égard de l'élévation du sol, les auteurs de ce projet n'ont pas surmonté la difficulté, ils l'ont tournée, ou plutôt ils l'ont évitée, en faisant

———

(1) C'est de ce dernier projet qu'il sera spécialement question dans ce Mémoire.

aboutir leur chemin en fer sur la rive droite de la *Seine*, aux abords du pont *du Pec;* tellement, que pour aller jusqu'à *Saint-Germain*, il faudra encore monter la *côte* en parcourant une distance d'environ 2000 *mètres ou une demi-lieue.*

Ce projet, qui s'exécute maintenant, doit partir de *la rue Saint-Lazare, à Paris,* ou de l'ancien emplacement *de Tivoli.*

Il traversera d'abord par une *galerie souterraine* de 1138 mètres de longueur, *la butte* sur laquelle se trouve placé *le village des Batignolles.*

Il franchira la Seine une première fois à Asnières, puis à Chatou.

Ce projet ne contiendra que des pentes ordinaires en usage sur les chemins en fer.

Il aura 18,500 *mètres* ou plus de *quatre lieues et demie* de longueur totale, et coûtera, d'après l'estimation de ses auteurs, 4,500,000 fr. environ de dépenses de première construction.

Ce projet, concédé à **M. *E. Pereyre*** dans la dernière session des chambres, est maintenant en cours d'exécution.

Projets de Paris à Versailles.

1º Projet de M. DEVILLIERS DE TERRAGE, inspecteur divisionnaire des Ponts et Chaussées.

M. *Devilliers* a conçu le premier un projet de chemin en fer entre *Paris et Versailles.* Ce projet, qui date de 1825, et auquel il vient récemment encore de donner une nouvelle publicité, partait du Champ-de-Mars, traversait la plaine de Grenelle et arrivait à *Versailles* par les hauteurs de *Meudon et de Belle-Vue.* Dans ce projet, on a abordé franchement les difficultés du terrain, par *un plan incliné dressé à dessein, selon une pente rapide d'un dixième ou de dix centimètres par mètre,* pour réduire à *un kilomètre* seulement la longueur de cet obstacle.

Une machine fixe devait servir dans ce projet pour faire franchir le *plan incliné* aux chars qui parcourraient d'ailleurs le chemin à l'aide *de chevaux* sur le surplus de sa longueur.

Cette disposition fut repoussée par le *conseil général des ponts et chaussées* qui a été effrayé de la pente rapide du *plan incliné* de ce projet, et des conséquences qui pourraient en résulter, sur un chemin fréquenté particulièrement par des voyageurs, si les moyens de préservation que l'on se proposait d'employer, soit à la remonte, soit à la descente, pour éviter tout danger, venaient à manquer.

L'on a objecté **en** outre contre le *système de locomotion* que l'on prétendait appliquer à ce chemin en fer, *qu'il ne pouvait être convenable pour ces localités.*

L'emploi des chevaux, en effet, ne pouvant fournir au plus qu'une vitesse de *quatre lieues à l'heure*, ne présenterait pas un résultat suffisant pour justifier l'exécution de ce chemin en fer. Cette vitesse est celle des *malles-postes*, et l'on concevrait difficilement l'utilité d'un chemin en fer destiné principalement au transport des personnes, s'il ne leur procurait une rapidité beaucoup plus considérable que celle que l'on peut obtenir sur les routes ordinaires.

Une condition d'utilité et de succès pour les chemins en fer, et notamment pour celui de *Paris à Versailles*, sera toujours de parcourir ce chemin avec une vitesse moyenne de huit lieues à l'heure au moins. De manière que cette distance devrait toujours être parcourue en une demi-heure de temps; ce qui ne pourrait avoir lieu sur le chemin en fer de M. *Devilliers* qu'au moyen de *machines locomotives* dont l'emploi changerait toute l'économie de ce chemin.

Ce projet, qui comporterait d'ailleurs une *galerie souterraine de 3,300 mètres de longueur*, aurait 19,500 mètres de développement, et coûterait, d'après l'estimation de son auteur, 3,970,000 fr.

2° Projets de **M. POLONCEAU**, inspecteur divisionnaire des Ponts et Chaussées.

M. *Polonceau*, dans un premier projet dressé à très-peu près selon le tracé de M. *Devilliers*, a eu égard à ces *deux objections*.

Il a en conséquence disposé d'abord son chemin de manière à recevoir d'une part des *machines locomotives*, et d'autre part à réduire à *cinq centimètres* par mètre la pente rapide du *plan incliné* avec lequel il se proposait de franchir la *hauteur de Meudon.*

Mais ce *plan incliné*, qui nécessitait encore l'emploi d'une *machine fixe*, a fait repousser ce projet par le conseil général des ponts et chaussées, qui, prudemment, réprouve absolument l'usage de ces *machines* et *de leurs cordages* sur les chemins en fer qui doivent particulièrement servir au transport des voyageurs.

Dans cette conjoncture, M. *Polonceau* établit un nouveau projet, en se développant sur le coteau rive droite de la vallée qui débouche à Sèvres, et s'élevant ainsi par une pente uniforme depuis *Meudon* jusqu'à *Versailles*, à l'imitation de ce que M. *Corréard* venait de faire pour le projet dont nous aurons à parler par la suite.

Cette nouvelle disposition ne pouvant s'établir qu'au moyen *d'une pente continue de 8 à 9 millimètres par mètre*, sur 10 à 12,000 *mètres* de longueur consécutive, M. Polonceau sentit bien que cette pente serait extrêmement onéreuse à la remonte pour l'exploitation du chemin, et non moins dangereuse à la descente.

Il chercha donc le moyen de la modifier : et d'abord il songea à diminuer la hauteur totale à franchir, et par suite la pente par mètre de son projet, en remontant le point d'arrivée du chemin en fer du côté de la *barrière Saint-Jacques*. Puis, rejetant cette idée, qui ne pouvait s'accorder avec les relations de *Paris à Versailles*, il se détermina à former *un troisième projet*, contenant des *plans inclinés, dressés à deux centimètres seulement par mètre*, à l'exemple de ce qui avait été établi dans le *projet de Paris à Poissy, desservant Saint-Cloud, Versailles et Saint-Germain*, dont on s'occupera spécialement dans le cours de ce *Mémoire*.

M. Polonceau arriva ainsi au conseil général des ponts et chaussées en annonçant que ces *pentes* pouvaient être parcourues *sans danger* par des *machines locomotives seulement*, et sans avoir recours à des *machines fixes et aux cordages* qui les accompagnent : il offrit, au nom de la Compagnie qu'il représentait, *de prouver par des expériences spéciales* ce qu'il venait d'avancer.

Cette proposition fut écartée par M. *le directeur général*, et M. *Polonceau*, sacrifiant cette dernière idée, revint à son deuxième projet, celui à pente régulière.

Ce projet présentait 18,000 mètres environ de développement entre ses deux extrémités, situées à la *barrière de la Cunette près le Champ-de-Mars*, et à la *place d'Armes à Versailles* : il contenait environ 900 *mètres de galeries souterraines, des déblais et des remblais fort élevés, des travaux d'art considérables, une pente continue de 7 à 8 millimètres par mètre sur 12,000 mètres environ de longueur*, et une dépense appréciée par l'auteur de ce projet à 6 ou 7,000,000 de fr.

3° Projet de MM. SEGUIN frères.

Quant au projet de MM. *Seguin frères*, dressé aussi selon une *pente uni-forme*, il fut repoussé par le conseil général des ponts et chaussées, comme présenté postérieurement à celui de M. *Polonceau*, dont il était d'ailleurs *la copie presque littérale.*

4° Projet de M. CORREARD.

M. *Corréard* fut l'ingénieur qui le premier proposa d'établir entre *Paris* et *Versailles* une ligne dressée selon *une pente uniforme de 7 à 8 millimètres par mètres*, qui s'étendait, dans son projet, sur 12,141 *mètres* de longueur consécutive.

Ce projet offrait d'ailleurs 18,600 *mètres* de longueur totale.

Il arrivait dans *Paris* jusqu'à la *cale* de la *rue des Poulies*, au-dessus du *pont des Arts*, en se maintenant sous tous les *quais en galerie souterraine sur* 3955 *mètres ou une lieue de longueur;* dans ce projet on traversait la *Seine*, sur les anciennes fondations du vieux pont de *Sèvres*, en y élevant *un nouveau pont de* 29 *mètres* 82 *centimètres, ou* 91 *pieds* 8 *pouces de hau-teur au-dessus de l'étiage des eaux*, accompagné de chaque côté de *deux séries d'arcades*, composées ensemble *de* 53 *ouvertures de* 12 *mètres ou* 37 *pieds* 8 *pouces de largeur chacune.*

A la suite de ce pont le chemin en fer devait encore être construit en *galerie souterraine*, sur 280 *mètres* de longueur, puis il se prolongeait à ciel ou-vert, au moyen des grands travaux de terrassemens, tant de déblais que de remblais, jusqu'à *Versailles*, qu'il traversait pour se rendre à la *place d'Armes*, au moyen de différentes autres *galeries souterraines de* 4 *à* 500 *mètres en tout de longueur.*

Enfin ce projet, tel qu'il a été amendé par la commission des ponts et chaussées, devait coûter, d'après l'estimation de son auteur, 6,220,000 fr. de frais de construction.

5° Projet de MM. RICHARD et DE VERGÉS.

Quant au projet présenté par MM. *Richard* et *de Vergés*, il devait avoir

19,875 *mètres* de longueur totale : il aboutissait à *Paris* sur la *place de la Concorde*, et à *Versailles* sur la *place d'Armes*.

Partant de la *place de la Concorde*, ce chemin en fer devait suivre les *Champs-Élysées*, jusqu'à la hauteur de *Chaillot*, qu'il traversait par une *galerie souterraine de* 1003 *mètres de longueur;* à la sortie de cette *galerie*, il longeait la grande *route de Neuilly* dans le *bois de Boulogne* et venait traverser la *Seine* entre *Puteaux* et *Neuilly* sur un *pont de* 13 *mètres ou* 40 *pieds de hauteur :* de là le projet se développait sur le *coteau du Mont-Valérien*, en se dirigeant au sud, et atteignait le *parc de Saint-Cloud* par une pente de 7 *millimètres* 3/4 *par mètre*, prolongée sur 11,268 *mètres* de longueur consécutive : arrivé dans *la réserve du château royal de Saint-Cloud*, le projet était établi en *galerie souterraine de* 400 *mètres de longueur;* il atteignait ainsi *Ville-d'Avray*, et remontant la *vallée de Fausses-Reposes*, il traversait par *un troisième souterrain de* 300 *mètres de longueur, le contrefort* qui sépare cette vallée du plateau de *Versailles*, et se rendait de là par *l'avenue de Saint-Cloud* jusqu'à la *place d'Armes*.

Les frais de construction de ce projet devaient s'élever, d'après l'estimation de ses auteurs, à 6,000,000 fr.

Il était difficile de se prononcer entre ces *trois projets* de M. *Polonceau*, de M. *Correard* et de M. *Richard*, puisqu'ils étaient presque semblables entre eux et pour ainsi dire identiques, quant à l'importance des travaux, au montant des dépenses de construction, à la raideur et au développement des pentes, n'offrant de différence un peu marquée, au désavantage du projet de M. *Richard*, que dans le développement total du chemin.

D'un autre côté, les membres du conseil général des ponts et chaussées ne pouvaient se dissimuler que ces *trois projets étaient également impropres aux localités dont il s'agissait*, en raison des pentes prolongées qu'ils contenaient, des dépenses d'exploitation que ces pentes feraient naître, et surtout du danger qu'elles présenteraient dans la descente à l'immense quantité de voyageurs qui fréquenteraient ces chemins.

Dans cette position, le conseil général examina d'autres projets qui avaient pour objet de réunir *Paris et Poissy*, mais qui se rattachaient aussi à la direction de *Paris à Versailles*, au moyen des embranchemens qui les réunissaient à cette dernière ville.

Projets de Paris à Poissy.

1° Projet de M. WEBBER.

L'un de ces projets fut celui de M. *Webber;* mais au premier aperçu des *travaux gigantesques* qui entraient dans sa composition, le conseil général des ponts et chaussées jugea à l'*unanimité* que ces *projections immenses*, dont M. le *directeur général* a donné le détail à la *Chambre des Députés* dans la séance du 7 *juin* 1835, élèveraient au-delà de toute prévision le chiffre de la dépense des constructions, ce qui rendrait ce projet impraticable.

2° Projet de M. RIGAUX.

Quant au projet de M. *Rigaux*, il fut reconnu par le conseil général des ponts et chaussées, qu'il reposait sur des données de nivellement tout-à-fait fautives; ces erreurs ont été signalées aussi par M. le *directeur général* des ponts et chaussées à la Chambre des Députés dans la séance précitée, et firent mettre ce projet à l'écart.

3° Projet de M. BELLANGER, ingénieur, présenté par MM. J. LAFFITE et RIANT.

Le projet de M. *Bellanger*, ingénieur, partait de l'ancien emplacement de *Tivoli*, et passait par *Saint-Denis*, *Epinay* et *Maisons-sur-Seine*. Il a été repoussé (lors des enquêtes) par la chambre de commerce de Paris, comme exigeant des prix de transport qui seraient trop onéreux pour la circulation. Le transport des voyageurs en effet aurait couté 3 fr. 60 c. par cette direction; ce qui est beaucoup plus cher que le prix des transports actuels.

4° Projet de MM. SURVILLE et GUILLAUME.

Quant au projet de MM. *Surville et Guillaume*, présenté pour desservir *Saint-Cloud*, *Versailles*, *Saint-Germain* et *Poissy*, son examen préalable était alors trop peu avancé pour qu'il pût paraître au conseil général des ponts et chaussées, en sorte que sa discussion s'est trouvée ajournée.

Avant de prononcer définitivement sur ces projets, le conseil général jugea à propos de déléguer M. *Defontaines*, ingénieur en chef des ponts et chaussées, pour reconnaître s'il serait possible de tracer un chemin en fer de *Paris à Versailles*, tout en n'excédant pas la limite de *cinq millimètres de pente par mètre*.

M. *Defontaines* résolut cette question, en mettant à profit, d'une part, *l'idée-mère du projet de M. Richard*, celle qui a déterminé le tracé général de ce projet sur le coteau de *Suréne*; et d'autre part, une idée déjà publiée par M. *de Vergés*, qui avait indiqué la possibilité de diminuer la *pente de 7 à 8 millimètres par mètre*, employée par M. *Richard*, en développant davantage la ligne du chemin sur le prolongement de ce même coteau; mais qui avait regardé ce parti comme impraticable, parce qu'il étendrait encore de beaucoup le développement déjà trop prolongé de ce chemin en fer.

Projet de M. DEFONTAINES entre Paris et Versailles seulement.

M. *Defontaines* n'a pas été et ne devait pas être arrêté par cette considération qui était la conséquence nécessaire de la condition qui lui avait été imposée par le *conseil général*, et poussant son nivellement jusqu'à *Asnières*, il se raccorda en ce point avec le chemin en fer de Paris à Saint-Germain, ou pour mieux dire *au Pec* (qui a été concédé dans la dernière session des Chambres législatives), en n'employant que des *pentes de cinq millimètres pas mètre*, comme l'avait demandé le conseil général des ponts et chaussées.

Ce projet s'est trouvé ainsi avoir 22,918 *mètres* de longueur, depuis son origine, à *Paris*, jusqu'à *Versailles*, dont 17,000 *mètrès* (*ou quatre lieues un quart*) consécutifs en pente dressée à *cinq millimètres par mètre*. Comme celui de M. *Richard*, ce projet contient *un premier souterrain sous le contrefort de Fausses-Reposes, un autre dans la traversée du parc de Saint-Cloud, et un troisième* dans la partie qui lui est commune avec le chemin de *Paris au Pec*, sous le *village des Batignolles*; enfin, il traverse la *Seine* sur un pont, à *Asnières*, qui sera encore commun aux *deux chemins en fer*.

Le projet de M. *Defontaines* aboutirait dans *Versailles* sur le *boulevard la Reine*; à *Paris*, il se terminerait avec le chemin de *Paris au Pec*, près l'ancien emplacement de *Tivoli*.

Enfin, l'estimation de M. *Defontaines*, pour la partie de son chemin comprise entre *Versailles* et *Asnières*, sur 20,000 *mètres* environ de longueur, s'élèverait à 4,100,000 fr.

D'après cela, le projet de M. *Defontaines* était beaucoup plus long que les chemins en fer proposés par MM. *Polonceau, Corréard et Richard;* par conséquent aussi, il devait être plus coûteux, sinon de construction même (à cause de sa partie commune avec le chemin de Paris à Saint-Germain), du moins de parcours, en raison de son développement total. Mais d'un autre côté, il avait l'avantage de présenter des *pentes* réduites à *cinq millimètres* seulement par mètre, au lieu de celles de 7 *à* 8 *millimètres* que contenaient les autres projets.

Aussi le conseil général des ponts et chaussées, regardant cette inclinaison comme une limite essentielle à observer pour la sûreté des voyageurs, n'a pas balancé devant ce motif, et s'est prononcé en faveur du projet de M. *Defontaines*, à l'exclusion de tous ceux qu'il a été appelé à examiner jusqu'alors pour la direction de *Paris à Versailles*.

Tel est le point où est parvenue la discussion des chemins en fer de ces localités; il ne reste plus ainsi qu'à examiner un dernier projet sur lequel l'attention du conseil général des ponts et chaussées n'a pas encore été appelée, celui du *chemin en fer* de *Paris à Poissy, desservant Saint-Cloud, Versailles et Saint-Germain*, qui a été dressé par M. *Surville*, ingénieur des ponts et chaussées, et par M. *Guillaume*, architecte.

C'est de ce projet qu'on va s'occuper principalement dans la suite de ce Mémoire.

CHAPITRE II.

Date du dépôt du projet. — Tracé du chemin. — Embranchemens et traversées des routes. — Embarcadères, des voyageurs et des marchandises. — Introduction du chemin dans Paris, dans Versailles. — Approche de Saint-Germain, de Poissy. — Dimensions de la double voie. — Pont sur la Seine. — Arcades dans le bas du parc de Saint-Cloud. — Viaduc dans la vallée de Saint-Léger. — Souterrains à double voie, à Chaillot, à Saint-Cloud, à Noisy. — Galerie voûtée à Versailles. — Développement de la ligne et de ses différentes parties.

Ce fut le 14 *septembre* 1834 que ce projet a été déposé à la direction générale des ponts et chaussées.

Tracé du chemin.

D'après ce projet, le chemin en fer doit partir à *Paris*, soit de l'extrémité du *Cours la Reine* sur la *place de la Concorde*, soit de l'angle de l'*allée de Marigny*, opposé à la maison de François 1er aux Champs-Élysées, en face du *pont des Invalides*. Dans tous les cas, le lieu d'embarquement des marchandises sera situé près de ce *pont*, qui ouvrira une communication facile entre l'origine de la route en fer et l'*entrepôt du Gros-Cailloux*.

De ce point, le projet s'étendra jusqu'à la hauteur de *Chaillot*, qu'il traversera par une galerie souterraine à double voie; cette galerie conduira le projet dans la plaine supérieure de *Passy*, où un embranchement particulier sera construit pour conduire à un embarcadère spécial situé hors barrière sur l'*avenue de Neuilly*, pour les *bestiaux* et les *marchandises* qui ne devront pas entrer dans *Paris*. En suivant le tracé principal, la ligne du chemin en fer longera l'enceinte du *bois de Boulogne* jusqu'à la *Muette* et jusqu'à *Auteuil*, puis se prolongera dans ce bois jusqu'à la *porte des Princes*, d'où il ira joindre la *Seine* à l'aval du *pont de Sèvres*.

Un nouvel embranchement joindra cette partie du projet de la *porte des Princes* au *pont de Saint-Cloud*, pour établir une communication avec cette dernière ville et avec Boulogne.

La route en fer abordera la *Seine* par un remblai et la traversera sur un *Pont;* des arcades seront établies à la suite de ce *pont* au-dessus du chemin de halage, au-dessus de la route qui conduit de *Sèvres à Saint-Cloud* et qui borde la rive gauche du fleuve, puis dans la partie basse du *parc de Saint-Cloud*, qui sera traversée par le projet, pour conserver la circulation dans ces différens points.

La route pénétrera alors le *contre-fort* qui termine le *parc de Saint-Cloud* et le traversera par un souterrain à double voie, en laissant à gauche le *pavillon Breteuil*, et passant à 250 mètres environ de la *Lanterne de Démosthène*.

Elle atteindra ainsi les fonds de *Ville-d'Avray*, traversera la *vallée de Fausses-Reposes*, et se développera sur le revers du coteau jusqu'à *Chaville*, *Viroflay* et *le grand Montreuil:*

Un embranchement, dirigé sur Versailles par *l'avenue de Saint-Cloud*, conduira la route en fer jusqu'à cette ville, où l'*embarcadère* des marchandises sera placé au pied de la *butte de Picardie*, tandis que celui des voyageurs sera établi à l'origine de *l'avenue de Saint-Cloud* sur la *place d'Armes.*

A partir de *Montreuil*, le tracé se prolongera dans la plaine où il se raccordera avec un autre embranchement partant de la barrière du *boulevard du Roi*, à *Versailles*, qui correspondra à un nouvel embarcadère disposé en ce point pour les relations de *Versailles* avec *Saint-Germain* et *Poissy*.

Le tracé se continuera ensuite jusqu'à la hauteur de *Bailly* et de *Noisy* où il se détournera pour traverser par un nouveau souterrain à double voie l'escarpement qui sépare le bassin de *Versailles* de celui de *Saint-Germain;* il arrivera ainsi dans la vallée de l'*Etang-la-Ville*, passera près de *Mareil* et de *Fourqueux*, et abordera *Saint-Germain* en traversant par un *viaduc* les fonds de *Saint-Léger*.

Deux embranchemens, dirigés l'un du côté de *Versailles* et l'autre du côté de *Poissy*, formeront l'embarcadère de *Saint-Germain* aux abords de la *route de Mantes*, et un dernier prolongement conduira la route en fer jusqu'à *Poissy*, où elle se terminera non loin de la *Seine* et l'aval du *pont* de cette ville.

Relations du chemin en fer avec les voies de communication du pays.

Une condition essentielle à la sûreté publique et à l'économie dans l'exécution des chemins en fer, étant de supprimer autant que possible toute communication entre ces chemins et les voies ordinaires du pays qu'ils traversent, l'on a eu égard à cette condition en réglant les niveaux du tracé, de manière à ce que le projet atteignît, soit en déblais, soit en remblais, les principales routes qu'il coupe, afin que l'on puisse établir des *ponts* à ces points de rencontre, et isoler complètement les voies de communication qui s'y croisent.

Il sera construit des ponts de cette espèce à la *rue François I*, à l'*allée des Veuves*, à la *rue des Gourdes*, à *la Muette*, à la *route d'Auteuil*, à celle *des Princes*, à la *route de Sèvres* à *Ville-d'Avray*, à la *route de Versailles* à *Saint-Cloud*, à celle de *Versailles* à *Bougival*, à celle de *Versailles* à *Saint-Germain*, à la *route de Saint-Germain* à *Nauphle*, à celle de *Saint-Cloud* à *Maule*, et à celle de *Saint-Germain* à *Mantes*, qui sont toutes traversées par notre projet.

Les communications secondaires seront conservées d'après le même principe, par des *ponts* placés soit au-dessous, soit au-dessus du chemin en fer, au moyen de *remblais* ou de *déblais* à leurs abords, ou au moins par des *barrières*, lorsqu'il y aura impossibilité de faire différemment.

Embarcadères principaux.

Un objet important encore parmi les travaux d'art des chemins en fer, ce sont les *embarcadères* établis dans les villes principales où ils se rendent.

Le projet comporte à cet égard :

1° *Un embarcadère* à *Paris* pour les voyageurs et les marchandises qui doivent s'introduire dans la capitale.

2° *Un embarcadère* hors barrière, sur l'*avenue de Neuilly*, pour les bestiaux et les marchandises qui passent en transit ou n'entrent pas dans *Paris*.

3° *Un embarcadère à Boulogne*, près du *pont de Saint-Cloud*, pour les voyageurs de cette ville.

4° *Un embarcadère* hors barrière *à Versailles*, au pied de la butte de *Picardie*, pour les marchandises qui s'échangent entre *Versailles* et *Paris*.

5° *Un embarcadère* à l'entrée de l'avenue de *Saint-Cloud*, sur la *place d'Armes*, pour les voyageurs seulement.

6° *Un embarcadère* à la barrière du *boulevard du Roi à Versailles*, pour les voyageurs, les bestiaux et les marchandises qui s'échangent entre *Versailles, Saint-Germain* et *Poissy*.

7° *Un embarcadère* à *Saint-Germain*, à l'entrée de cette ville, sur la route de *Mantes*; il sera disposé pour les voyageurs et les marchandises.

8° Enfin, *un embarcadère* à *Poissy* pour les voyageurs, les bestiaux et les marchandises qui seront expédiés de cette ville.

Embarcadères ordinaires.

Indépendamment des embarcadères principaux, il en sera établi d'une moindre importance, et d'espace en espace, pour le service des points intermédiaires de la route.

Ces embarcadères se composeront d'un bureau et d'un tourne-hors. Ils seront au nombre de dix, savoir : à *la Muette*, à *Auteuil*, au *parc de Saint-Cloud*, à la partie supérieure de *Sèvres*, à *Chaville*, à *Viroflay*, à *Bailly*, à *l'Étang-la-Ville*, à *Mareil* et à la hauteur de *Chambourcy*.

Dispositions particulières à chaque embarcadère.

Les *embarcadères* contiendront, selon leur destination, des *salles d'attente*, des *parcs*, des *magasins*, et les *forges*, *remises* et autres dépendances nécessaires à l'exploitation d'un chemin en fer. On a séparé, autant que possible, dans chaque *embarcadère*, le lieu de départ et d'arrivée des voyageurs, de celui des marchandises, afin d'éviter les encombremens et les accidens qui pourraient résulter de l'activité avec laquelle les convois s'entremêlent et se succèdent sur un chemin en fer.

La partie du chemin en fer qui traversera le bas de *Chaillot* et le *quartier de François Ier*, et qui suivra le *cours la Reine* jusqu'à la *place de la Concorde* (si l'on nous permet d'établir en ce point l'embarcadère des voyageurs), sera construit en terrasse de 7 à 8 mètres de hauteur. Des *arcades* ouvertes sous ce massif, à la demande de l'administration, rétabliront toutes les communications qui seraient coupées et que l'on jugerait nécessaire de conserver.

La circulation n'aura de cette manière rien à souffrir de l'entrée du chemin en fer dans *Paris* par les *Champs-Élysées*, et la sûreté publique rien à en redouter.

A *Versailles*, l'*embranchement* qui aboutira à l'embarcadère des voyageurs, placé près de la *place d'Armes*, suivra la contre-allée à gauche (en allant au château) de l'avenue de *Saint-Cloud*.

Par une disposition contraire à celle adoptée pour *Paris*, le chemin en fer suivra cette contre-allée en tranchée, en se maintenant dans un fossé à ciel ouvert de 7 mètres de profondeur, soutenu par des murs de terrasse couronnés de rampes ou de parapets.

Des ponts seront jetés sur ce fossé dans le prolongement de toutes les rues qui aboutissent de ce côté sur *l'avenue de Saint-Cloud*, et conserveront ainsi à la circulation toute sa liberté et toute sa sûreté (voir les plans et coupes de ces embarcadères à la carte générale).

Dimensions de la voie du chemin en fer.

Sur une ligne destinée à une circulation aussi active que celle du chemin en fer de *Paris* à *Poissy*, il nous a paru nécessaire de donner à la *plate-forme* 8 *mètres* de largeur, dont 1 *mètre* 5o *centimètres* pour chaque *voie*, *un mètre* entre les deux voies et *deux mètres* de chaque côté des voies pour francs-bords.

Nous nous proposons de ne diminuer cette largeur pour la réduire à 6 *mètres*, qu'au passage des *ponts* et des *galeries* souterraines du chemin.

Alors les *voies* de 1 *mètre* 5o *centimètres* seront séparées par un espace de 2 *mètres* de largeur nécessaire pour ranger les *wagons* auxquels il arriverait des accidens dans le parcours de *galeries souterraines*, afin qu'ils n'entravent point la circulation.

Viaducs principaux.

Indépendamment des *ponts* ordinaires du chemin en fer dont nous avons déjà parlé, il y aura encore dans le projet trois ouvrages principaux de ce genre : l'*un* sur la *Seine*, en aval du *pont* de *Sèvres*; l'*autre* dans la traversée de la partie inférieure du *parc* de *Saint-Cloud*, afin d'y conserver la circulation; et le *troisième* pour faire franchir au projet la petite *vallée* de *Saint-Léger*, située près de *Saint-Germain*.

Souterrains.

Quant aux souterrains, ils seront aussi au nombre de *trois* : le *premier* fera traverser au projet la hauteur de *Chaillot;* il aura 1,088 *mètres* de longueur.

Le *second* pénétrera le mamelon qui termine le *parc* de *Saint-Cloud;* il aura 908 *mètres* de longueur.

Le *troisième* fera franchir au projet le *contre-fort* qui est recouvert par la *forêt de Marly;* il aura 965 *mètres* de longueur.

Galerie voûtée.

Une galerie voûtée, de 490 *mètres* de longueur, sera établie sous la route de *Saint-Cloud* à *Versailles,* près du *carrefour de Montreuil;* elle sera éclairée par des jours fréquens, ce qui la distinguera des galeries souterraines dont nous venons de parler.

Le tableau suivant, qui résulte des dispositions générales que nous venons de décrire, indique le développement total du chemin en fer, et les distances qu'il présentera à parcourir entre les principales localités qu'il réunira.

Tableau des distances qu'il y aura à parcourir sur le chemin en fer de Paris à Poissy, desservant Saint-Cloud, Versailles et Saint-Germain.

INDICATIONS.	NATURE des TRANSPORTS.	DISTANCES en mètres.		OBSERVATIONS.
		k.	m.	
1° De Paris à Saint-Cloud......	Voyageurs.....	8	290	Le développement complet de la route en fer. compris ses embranchemens sur la barrière de l'Etoile, Boulogne, Versailles et Saint-Germain , sera de 38630 m.
2° De Paris à Versailles........	Voyageurs.....	16	820	
	Marchandises...	15	420	
3° De Paris à Saint-Germain....	Voyageurs..... Marchandises...	28	120	
4° De Versailles à Saint-Germain et Poissy...............	Voyageurs..... Bestiaux.......	11	310	
5° De Paris à Poissy...........	Voyageurs..... Marchandises...	34	190	
	Bestiaux	32	820	

CHAPITRE III.

STATISTIQUE DES LOCALITÉS QUI SERONT TRAVERSÉES PAR LE CHEMIN EN FER DE PARIS A POISSY, DESSERVANT SAINT-CLOUD, VERSAILLES ET SAINT-GERMAIN, ET CIRCULATION QUI AURA LIEU SUR CE CHEMIN EN FER.

Circulation de Paris à Saint-Cloud, voyageurs. — De Paris à Versailles, voyageurs et marchandises.—De Paris à Saint-Germain, voyageurs et marchandises.—De Paris à Poissy, voyageurs, bestiaux, marchandises. — De Versailles à Saint-Germain et Poissy, voyageurs, bestiaux, marchandises. — Lieux intermédiaires. — Circulation sur le chemin en fer, en voyageurs, bestiaux, marchandises du roulage et marchandises de la navigation.—Tableau de la circulation qui aura lieu sur ce chemin en fer.

Ayant fait connaître le tracé du projet, son développement et les dispositions générales de ses travaux d'art, nous allons maintenant préparer l'examen de cette entreprise, comme *spéculation financière*. A cet effet nous considérerons d'abord les localités qu'elle doit parcourir, pour apprécier la *circulation*, tant des voyageurs que des marchandises qui a lieu dans ces mêmes localités.

CIRCULATION.

1° *Entre Paris, Saint-Cloud, Boulogne, Sèvres et lieux avoisinans.*

Voyageurs.

La principale et l'unique circulation qui existe entre *Paris* et *Boulogne* ou *Saint-Cloud*, est celle des *voyageurs*.

M. *Corréard*, dans l'appréciation des produits de son projet, a compté le nombre des voyageurs qui circulent annuellement dans cette direction pour 432,000. M. *Richard*, dont le projet passe aussi à Saint-Cloud, n'en a tenu compte que pour 120,000; mais il faut remarquer que M. *Richard*, arrivant à *Saint-Cloud* par le haut, a dû négliger la circulation relative à *Auteuil* et à *Boulogne*, qui est au moins aussi considérable, et qui est comptée par M. *Corréard*.

Le chiffre de ce dernier est d'ailleurs d'accord avec les renseignemens qui ont été recueillis aux voitures publiques.

Or, comme le chemin en fer de *Paris* à *Poissy* aura la même direction que celui projeté par M. *Corréard*, et traversera en outre la ville de *Sèvres*, nous pouvons, sans exagération, adopter le même chiffre que lui.

C'est pourquoi nous compterons, pour la circulation de *Paris* à *Auteuil*, *Saint-Cloud, Boulogne* et *Sèvres*, sur un nombre annuel de 400,000 voyageurs.

2° *Entre Paris, Versailles et lieux avoisinans.*

Entre *Paris* et *Versailles* il existe une immense circulation de *voyageurs* et de *marchandises*.

Voyageurs.

Les *voyageurs* ont été comptés, sur cette direction, dans une estimation de M. *Charles Testu*, pour 1,400,000 personnes par an, et par M. *Polonceau*, inspecteur divisionnaire des ponts et chaussées, pour 900,000; mais ce dernier annonçait, dans une notice publiée par lui en 1834, que ce nombre n'est réellement que les *deux tiers des voyageurs* qui circulent annuellement entre *Paris* et *Versailles*. M. *Corréard* a compté ce transport pour 730,000 personnes par année. Enfin M. *Richard* le compte pour 840,000.

Les renseignemens que nous avons pris auprès des autorités de *Versailles* et de *Paris*, s'accordent avec nos appréciations pour fixer à 2,500 *personnes par jour* le nombre moyen des *voyageurs* qui circulent sur cette direction; nous adopterons donc, pour ce transport, le chiffre de 900,000 voyageurs.

Marchandises.

Quant aux *marchandises* qui sont transportées entre *Paris* et *Versailles*, elles proviennent en grande partie des routes de la *Bretagne*.

Des renseignemens que nous avons été à même de recueillir pendant long-temps aux *ponts à bascule* de *Versailles* et de *Sèvres*, élèvent annuellement ces transports à. . . . . 55,000 tonnes.

3° *Entre Paris, Saint-Germain et lieux avoisinans.*

Entre *Paris* et *Saint-Germain*, il existe une circulation considérable de voyageurs et de marchandises.

Voyageurs.

Les *voyageurs* s'élèvent chaque année, d'après les estimations connues et les renseignemens fournis par les autorités, à. . . . . 600,000.

Marchandises.

Les *marchandises* qui sont amenées ou emportées par le *roulage* proviennent de la *Normandie*, du *Perche*, du *Maine;* elles se composent particulièrement de *viande de porcs*, dont il se fait un immense commerce entre *Saint-Germain* et *Paris.*

Les renseignemens les plus précis élèvent cette circulation commerciale à (1). . . . . 110,000 tonnes.

4° *Entre Paris, Poissy et lieux avoisinans.*

De *Paris* à *Poissy* il existe une circulation immense :

1° De *voyageurs* qui sont hebdomadairement appelés dans cette ville par le *marché* de *Poissy;*

2° De *bestiaux*, tels que *bœufs, vaches, veaux, moutons*, qui alimentent ce marché;

3° Et de *marchandises*, tant celles qui suivent le *roulage* que celles qui se rendent à *Paris* par la *navigation* de la *Seine.*

Voyageurs.

La circulation des *voyageurs* qui a lieu entre *Paris* et *Poissy* directement,

---

(1) Ce chiffre comprend les troupeaux de porcs vivans qui sont conduits à Paris.

se compose en grande partie de *nourrisseurs*, de *bouchers, etc.*, qui y sont appelés par leur commerce; elle s'élève chaque année à. 120,000 voyageurs.

Bestiaux.

Quant aux *bestiaux* qui sont expédiés de *Poissy* sur *Paris*, leur chiffre, relevé dans les mercuriales du marché et des abattoirs, s'élève à 40,000 tonn.

Marchandises.

Quant aux *marchandises*, nous ne parlerons pas de celles du *roulage*, qui sont comprises dans le tonnage que nous avons fixé ci-dessus pour *Saint-Germain*, mais seulement de celles de la *navigation*.

M. *Monier*, inspecteur de la *Basse-Seine*, élève cette navigation, dans son ouvrage publié en novembre 1832, tant pour la *remonte* que pour la *descente*, à. . . . . 800,000 tonnes.

5° *Entre Versailles, Saint-Germain et Poissy.*

Enfin, entre *Versailles* et *Saint-Germain* ou *Poissy*, il existe encore une circulation assez nombreuse de *voyageurs* et de *bestiaux*.

Voyageurs.

La circulation des personnes s'opère par une voiture publique, dont les registres présentent annuellement un nombre de voyageurs qui s'élève à. . . . . 44,000.

Bestiaux.

Il y a en outre une circulation considérable de *bestiaux* qui se rendent chaque semaine du *marché* de *Sceaux* à celui de *Poissy*, et réciproquement, en passant par *Versailles*.

Le *tonnage* de ces *bestiaux* s'élève à. . . . . 15,000 tonnes

Marchandises.

Enfin il y a aussi une circulation de *roulage* assez élevée entre le *Pec* ou port *Marly* et *Versailles*. Cette ville reçoit, de cette manière, une partie des denrées nécessaire à son approvisionnement, qui arrivent par la *Basse-Seine*.

L'autre partie continuant, la *voie navigable* jusqu'à *Sèvres*, où le débarquement a lieu, et d'où l'expédition se fait sur *Versailles*.

Le chiffre de ce transport n'étant pas exactement connu, nous n'en tiendrons pas compte.

En récapitulant ces divers articles, on trouve :

Tableau statistique de la circulation qui existe dans les localités de Paris, Saint-Cloud, Versailles, Saint-Germain et Poissy.

NATURE des TRANSPORTS.	DÉTAILS.	QUANTITÉS de voyageurs par jour.	QUANTITÉS partielles par années.	TOTAUX.	OBSERVATIONS
1° Voyageurs.	Entre Paris, Saint-Cloud, Boulogne	1095	400000	(1) 2064000	(1) Le chiffre total des voyageurs ne comprend ni les piétons ni les personnes qui se servent de voitures particulières.
	— et Versailles..........	2465	900000		
	— et Saint-Germain..	1732	600000		
	— et Poissy............	329	120000		
	Entre Versailles et Saint-Germain..	120	44000		
2° Bestiaux.....	Entre Paris et Poissy............		40000	tonnes. 55000	
	Entre Versailles et Poissy........		15000		
3° Roulage....	Entre Paris et S.-Germain ou Poissy.		110000	165000	
	— et Versailles..........		55000		
4° Navigation.	Entre Poissy et Paris, venant de la navigation de Rouen par la Seine et l'Oise......................		800000	800000	

Nous ferons remarquer encore que nous négligeons dans ce tableau une foule de transports de voyageurs relatifs aux lieux intermédiaires qui se trouvent sur le tracé même du chemin ou dans les environs, tels que *Ville-d'Avray, Chaville, Doisu, Viroflay, Bailly, Noisy, l'Etang-la-Ville, Chambourcy*, etc., etc., et beaucoup d'autres lieux où il existe, comme dans ceux-ci, un grand nombre de *maisons* de campagne qui entretiennent une circulation continuelle avec Paris.

Pour faire la part du *chemin en fer* de *Paris* à *Poissy* dans cette nombreuse circulation, nous rappellerons d'abord que, comme tous les chemins de ce genre, celui-ci présentera aux voyageurs et au commerce deux espèces d'avantages également importans, savoir :

La vitesse et l'économie dans les transports.

La vitesse est surtout un motif déterminant pour les voyageurs, car elle leur présente, à elle seule, des avantages beaucoup plus considérables, même d'économie, que ne pourrait le faire aucune réduction de tarif.

En marchant en effet à raison de *huit lieues à l'heure*, comme cela doit être pour les voyageurs, sur un *chemin en fer* destiné à une grande activité, on épargne à peu près les *trois quarts du temps* qu'il faut consacrer aux voyages avec les voitures ordinaires.

N'est-ce pas là un avantage suffisant pour déterminer toutes les classes de la société à se servir *d'un chemin en fer* de préférence aux *véhicules* actuels?

N'est-ce pas un *bénéfice* considérable en effet que procure ce nouveau moyen de transport, en permettant de consacrer, soit à ses plaisirs, soit à ses affaires, un temps précieux qu'il faut passer aujourd'hui sur les routes, et dans une position toujours pénible et plus ou moins désagréable.

D'après cela, nous pensons que l'économie dans les tarifs est moins importante pour les voyageurs que pour les marchandises, qui souvent sont indifférentes à la vitesse, et qu'il suffirait, pour attirer sur le *chemin en fer* qui nous occupe, toute la circulation individuelle des localités qu'il doit parcourir, de n'apporter aucune augmentation dans le montant des dépenses actuelles.

Or, le *tarif* auquel il nous sera permis de nous fixer, présentera encore des économies sur les dépenses actuelles des voitures. Ainsi, à plus forte raison nous sera-t-il permis d'attribuer au *chemin en fer* la totalité des voyageurs dont nous venons de signaler l'existence.

On ne trouvera aucune exagération dans cette attribution, si l'on veut bien remarquer que déjà les relevés ont été établis en ayant égard à l'incertitude des renseignemens que l'on est obligé d'adopter en pareille matière; que d'ailleurs on a négligé tout ce qui est transporté par les *voitures particulières* de toute espèce, ainsi que les *piétons*, ce qui produira probablement un grand nombre de *voyageurs* pour le *chemin en fer*; enfin que nous avons encore relégué dans les éventualités du projet l'accroissement que prendra nécessairement la circulation de ces localités, après l'exécution du *chemin en fer*, si l'on en juge par l'influence que ces établissemens ont eue partout où ils ont été formés, et notamment entre *Saint-Etienne* et *Lyon*, et entre *Manchester* et *Liverpool*, où les relations individuelles, quoique déjà très-actives, se sont plus que doublées.

Quant aux *bestiaux*, nous ne mettrons non plus aucunement en doute qu'ils passeront en totalité sur le chemin en fer, soit en allant jusqu'à *Paris*, pour ceux qui se rendent aux *abattoirs*, soit en parcourant la distance qui existe entre *Versailles* et *Poissy*, pour ceux qui sont dirigés de *Poissy* sur *Sceaux*, ou de *Sceaux* sur *Poissy*, car il y aura pour les *nourrisseurs* ou pour les *bouchers* un avantage considérable de temps et d'argent à suivre ce mode de transport.

Relativement aux transports qui se font aujourd'hui par le *roulage* en passant par *Poissy*, *Saint-Germain* ou *Versailles*, comme ils ne pourraient avoir lieu sur la route en fer qu'en transbordant les marchandises, et se servant d'un camionage coûteux à Paris, il est à croire que le commerce trouverait de trop faibles avantages à ce changement pour l'adopter dès l'abord.

Aussi a-t-on pensé que ces transports ne doivent être comptés maintenant dans les produits du chemin en fer, que pour ceux qui se font directement entre *Paris*, *Versailles*, *Saint-Germain* et *Poissy*, pour l'approvisionnement réciproque de ces villes, ce que nous estimons s'élever : 1° pour *Saint-Germain* et *Poissy*, à 8,000 *tonnes*; 2° pour *Paris* et *Versailles*, à 7,000 *tonnes seulement*.

Toutefois nous avons la conviction que les transports du chemin en fer prendront beaucoup, avec le temps, sur cette circulation commerciale elle-même; il ne faut attendre pour cela que le moment où le commerce aura reconnu qu'avec le chemin en fer il pourrait se procurer les marchandises enmagasinées, soit à *Versailles*, soit à *Saint-Germain*, soit à *Poissy*, avec autant de promptitude, de facilité et d'économie que si elles étaient placées hors barrière, à *Paris*, car certainement alors il voudra profiter du bon marché de ces nouveaux établissemens pour diminuer ses frais d'entrepôt, et des économies qu'ils procureront au *roulage*, en supprimant les frais de séjour à *Paris*, pour réduire les prix des transports, ce qui ne pourra avoir lieu qu'en se servant du chemin en fer, qui possédera ainsi dans l'avenir une éventualité de bénéfice d'une haute importance.

Enfin, considérant les transports qui s'exécutent aujourd'hui par la *navigation* de la *Seine* entre *Paris* et *Poissy*, l'on fera observer que le *chemin en fer* présentera d'abord l'avantage immense de réduire à *quelques heures* le temps du voyage, qui est aujourd'hui de *six à huit jours* par la Seine, lorsque les eaux ne sont pas par trop basses, car, dans les temps d'étiage la navigation s'y trouve souvent complètement entravée. Cette rapidité du chemin en fer diminuant le prix de l'assurance, le déchet des denrées et l'intérêt du capital de la marchandies, produira une économie considérable sur les prix des transports.

Il y aura donc encore ici bénéfice de temps et économie d'argent, ce qui attirera nécessairement les marchandises dont il s'agit, sur le chemin en fer de *Paris* à *Poissy*.

Néanmoins nous ne voulons pas prétendre que toute la *navigation* de la *Seine*, dont nous avons établi le chiffre à 800,000 *tonnes*, débarquera à *Poissy*, pour prendre le chemin en fer, ou y arrivera par ce chemin pour s'y embarquer.

D'abord les tableaux de M. *Monier*, inspecteur de la *Basse-Seine*, nous instruisent que 200,000 *tonnes* environ descendent la *Seine*, et comme dans ce sens la navigation, aidée par le courant, est beaucoup plus facile et beaucoup plus économique qu'en remontant, la prudence exige que nous ne tenions pas compte de ce tonnage, et que nous réduisions ainsi le chiffre que nous considérons à 600,000 *tonnes*.

D'un autre côté, les transports de l'*Oise*, qui naviguent sur la *Seine*, entre *Paris* et *Conflans* (situé au-dessus de Poissy), viendraient-ils chercher le chemin en fer? cela serait déjà douteux dans l'état actuel; mais s'il se fait un *chemin en fer*, comme il est probable, entre *Paris* et *Pontoise*, il n'y aura plus de doute à avoir sur la direction que suivront ces denrées. Ce serait donc une exagération que d'y compter pour notre entreprise.

Le chiffre des transports de l'*Oise* étant de 340,000 *tonnes*, il ne faut plus compter pour celui de la *navigation* qui passera par *Poissy* que sur 260,000 *tonnes*.

Enfin, pour ne rien admettre que de très-probable, dans l'appréciation des produits du chemin en fer de *Paris* à *Poissy*, nous réduirons encore ce chiffre des *deux cinquièmes*, et nous ne compterons ainsi, pour les provenances de la navigation de la *Seine*, que sur un tonnage de 155,000 *tonnes*.

En résumant ce que nous venons de dire sur la circulation probable du chemin en fer de *Paris* à *Poissy*, on trouve :

Tableau de la circulation probable du chemin en fer de Paris à Poissy.

NATURE des TRANSPORTS.	DÉTAILS.	QUANTITÉS partielles par année.	TOTAUX.	OBSERVATIONS.
Voyageurs....	Entre Paris et Saint-Cloud........	400000	2066000	(1) Ces transports sont considérés comme marchandises encombrantes.
	— — Versailles.........	900000		
	— — Saint-Germain.....	600000		
	— — Poissy...........	120000		
Bestiaux (1)..	— Versailles et Saint-Germain..	44000	tonnes, 55000	(2) Ces transports seront comptés moitié pour denrées encombrantes et moitié pour marchandises lourdes.
	— Paris et Poissy............	40000		
	— Versailles et Poissy........	15000		
Roulage (2)...	— Paris et Poissy............	8000	15000	(3) Ce tonnage sera considéré comme composé de marchandises lourdes seulement.
	— Paris et Versailles.........	7000		
Navigation (3).	— Paris et Poissy............	155000	155000	
	Total des marchandises.........		225000	

CHAPITRE IV.

Frais de construction du chemin en fer. — Frais d'administration et d'exploitation. — Produits bruts à obtenir. — Tarif (voyageurs et marchandises). — Tableau des produits. — Observations sur les frais d'exploitation.

Au moyen des dispositions générales du *tracé* et des *ouvrages d'art* dont nous avons parlé précédemment (chapitre II), l'on a établi l'*estimation des travaux* à faire pour l'exécution de ce projet : puis avec le *tableau de la circulation probable* que l'on vient de déterminer, on a apprécié le *matériel* nécessaire à cette circulation : c'est ainsi que l'on est parvenu à un premier document essentiel pour la *question* financière de l'entreprise, celui des dépenses générales de construction dont voici le tableau détaillé.

30

Tableau des dépenses de construction du chemin en fer de Paris à Poissy.

NATURE DES TRAVAUX	DÉTAILS		QUANTITÉS	PRIX	SOMMES partielles	TOTAUX
				fr. c.		
1° Terrassements ordinaires (1)	Déblais des fossés		16,3 m	» 50	8347 f.	1285704 f.
	Déblais employés en remblais		1229199	1 »	1229199	
	Déblais mis en cavaliers		19607	» 65	128380	
2° Souterrains (2)	Exécutés à ciel ouvert		490	400 »	196000	152000
	Exécutés sous le sol		3036	450 »	1375000	
3° Acquisitions et indemnités de terrains (3)	Acquisitions	aux abords des villes	25 h. 2 c.	20000 »	500000	778141
		en plaine	39 74	6000 »	238440	
	Indemnités	aux abords des villes	2 20	16000 »	32000	
		en plaine	4 41	3000 »	14230	
		en souterrains	1 37	4000 »	4111	
4° Travaux d'art	Pont sur la Seine (4)		1	400000 »	400000	1808100
	Série d'arcades dans le parc de Saint-Cloud		1	200000 »	200000	
	Viaduc dans la vallée de Saint-Léger		1	300000 »	300000	
	Murs de soutènement en élévation aux embarcadères de Paris et Poissy (5)		660 m	320 »	211200	
	Murs de soutènement en fossés à Versailles, avenue de Saint-Cloud (6)		870	370 »	321900	
	Grandes arcades		2	50000 »	100000	
	Ponts principaux au-dessus du chemin		6	25000 »	150000	
	Ponts principaux au-dessous du chemin		2	30000 »	60000	
	Ponts viaducs ordinaires		15	12000 »	180000	
	Ponts simples ordinaires		13	12000 »	156000	
	Aqueducs en maçonnerie		6	6000 »	36000	
	Aqueducs en fonte		1	4000 »	4000	
	Petits aqueducs des fossés de ceinture		42	3000 »	126000	
	Embarcadères, cinq grands, trois moyens et dix ordinaires		18		510000	
	Plates-formes tournantes		28	1000 »	28000	
5° Rails et supports (10)	Fers pour rails (7)		2080020 k.	» 45	938709	147303
	Fonte pour coussinets (8)		384500	» 32	123616	
	Chevilles en chêne dur		463500 c.	» 5	23678	
	Main d'œuvre pour pose de rails, taille des dés, etc., etc.		38650 m	2 »	77260	
	Dés en pierre dure (9)		154350 d.	2 »	308700	
6° Matériel (14)	Pour les voyageurs	Machines (11)	12	12000 »	144000	532800
		Berlines (12)	24	3000 »	72000	
	Pour les marchandises	Machines	15	15000 »	225000	
		Wagons (13)	153	600 »	91800	
7° Somme à valoir	Indemnités de démolition, frais d'administration et dépenses imprévues					521713
	Frais d'études, etc., etc.					5000
	Total général des dépenses					9000000 f.

OBSERVATIONS.

(1) La hauteur moyenne des déblais à ciel ouvert sera de 4 m. 78 c. sur une largeur de 18 m. 10 c. La hauteur moyenne des remblais sera de 4 m. 60 c. sur 16 m. 72 c. Le profil de la route se composera, savoir : de 8 m. de largeur de plate-forme, et de talus à 1 1/2 de base pour 1 de hauteur. De chaque côté, à partir de la crête ou du pied du talus, il y aura en outre 1 m. de berme et un fossé de 50 c. de largeur au plafond et 1 m. 50 c. en gueule. La largeur moyenne de la route en déblais sera donc ainsi de 27 m. 30 c., et celle de la route en remblais de 26 m. 8 c.; le cube par mètre courant sera de 73 m. 24 c. pour la route en déblais, et de 68 m. 54 c. pour la route en remblais.

(2) Les galeries souterraines seront au nombre de quatre, savoir : à Chaillot, dans le parc de Saint-Cloud, à l'embarcadère de Versailles et à Marly ; les déblais de ces galeries se feront sur 9 m. de largeur et 8 m. de hauteur ou 72 m. cubes par mètre courant. Moitié environ de ces déblais sera en pierre dure utilisée sur place, et l'autre moitié en terre qui sera déposée en cavalier.

(3) La superficie totale occupée tant par la route elle-même que par les terres en cavalier sera de 116 h. 1 c.; mais 53 h. 27 c. seront situés dans le domaine de l'État, et ne coûteront aucune indemnité, les terrains à acheter se réduiront donc à 72 h. 74 c. comme il est porté ci-contre.

(4) Ce pont sera construit avec piles et culées en pierre, les voûtes seront établies en charpente ou au moyen d'arcs en maçonnerie de brique qui soutiendront le plancher du pont.

(5) 17 m. 77 c. par mètre courant à 18 fr. le mètre cube.

(6) 24 m. 67 c. par mètre courant à 15 fr. le mètre cube.

(7) Le mètre courant de rail en fer forgé pour une route à double voie pèsera 54 kil.

(8) Le mètre courant de coussinets en fonte, pour une route à double voie, pèsera 10 kil.

(9) La majeure partie de ces dés proviendront de la pierre extraite des souterrains.

(10) La route sera partout à double voie.

(11) Les machines locomotives seront de la force de 10 à 12 chevaux.

(12) Les berlines pourront contenir chacune trente voyageurs.

(13) Chaque wagon pourra porter deux tonnes de marchandises.

(14) Ce matériel est calculé pour servir une circulation double de celle qui a lieu aujourd'hui en voyageurs, et de moitié en sus de celle qui a lieu aujourd'hui en marchandises dans les localités de la route en fer.

Ce document obtenu, on s'est proposé de déterminer le tarif du chemin en fer, et pour cela, l'on a d'abord estimé les frais d'*exploitation* et d'*administration* de cette entreprise. A cet effet, l'on s'est servi des données expérimentales fournies par les comptes rendus des chemins en fer de *Manchester à Liverpool* et de *Saint-Etienne à Lyon*, lesquelles ont été établies et publiées en 1834, par M. *Surville*, ingénieur, dans une brochure ayant pour titre *des Chemins en Fer considérés comme spéculations financières*.

Il résulte de ce travail que le prix du charbon étant de 30 fr. au moins la tonne dans les localités du chemin en fer de *Paris à Poissy, les frais d'administration*, *d'entretien*, de *traction* et d'*exploitation*, en raison de la longueur du chemin, du montant de ses *travaux* et de son *activité probable*, se composeront ainsi qu'il suit, savoir :

1° Frais d'administration; (ils se composent d'une somme annuelle de 50,000 fr. augmentée de celle de 1000 fr. par kilomètre), ci en nombre rond. . . . .   90,000 fr.

2° Frais de garde et de police à raison de 1000 fr. environ par kilomètre, ci.   38,000

3° Frais d'entretien à raison de 2 pour 100 des dépenses de construction.   180,000

4° Frais de traction, de service, d'emmagasinement et d'expédition, savoir :

Pour les marchandises, 7,222,000 kilomètres de parcours par année pour une tonne de marchandise, à raison de 10 c. 722,000 (1,

A reporter.   1,030,000

---

(1) Pour établir ce chiffre nous avons déterminé la circulation des transports de marchandises , en la représentant par tonnes, parcourant un kilomètre seulement de distance.

L'on a trouvé que la circulation commerciale du chemin serait équivalente à 7,222,000 tonnes, parcourant un kilomètre par année, ou à une tonne parcourant 7,222,000 kilomètres sur le chemin en fer, dans le même temps.

Report. 1,030,000

Pour les voyageurs, 41,150,000 hilomètres, à raison
de 4 c. ci. 1,646,000 (1)

Dépenses imprévues. 124,000

Total des frais annuels. . . . . . 2,800,000 fr.

En ajoutant 10 pour 100 du capital de construction
pour intérêt légal, prime des capitaux et de l'industrie,
et chances de pertes et de mécomptes, ci. 900,000

Il vient pour le produit que la Compagnie devra retirer
annuellement de son entreprise. . . . . 3,700,000 fr.

C'est en raison de ce produit *nécessaire* que nous avons établi le tarif
ci-après.

Tarif des droits à percevoir sur la route en fer de Paris à Poissy.

1" VOYAGEURS.

INDICATIONS DES LIEUX	1re CLASSE.	2e CLASSE.	3e CLASSE.	PRIX moyen.	OBSERVATIONS.
	fr. c.	fr. c.	fr. c.	fr. c.	
Voyageurs de Paris à Saint-Cloud, Boulogne	» 75	» 60	» 50	» 61,6	Ces prix sont ceux demandés par tous les ingénieurs de chemins en fer projetés aux abords de la capitale; ils présentent une diminution d'un cinquième sur ceux des voitures actuelles.
— — Versailles	1 50	1 25	1 »	1 25	
— — Saint-Germain.	1 75	1 50	1 25	1 50	
— — Poissy.	2 »	1 75	1 50	1 75	
— Versailles à Saint-Germain. . .	» 75	» 60	» 50	» 61,6	
Toute distance au delà sera payée par kilom.	» 08	» 07	» 06	» 07	

(1) En calculant de la même manière que ci-contre pour le transport des voyageurs, on
a trouvé que la circulation individuelle serait équivalente chaque année à 41,150,000
personnes parcourant un kilomètre, ou à une personne qui parcourrait sur le chemin 41,150,000 kilomètres par an.

2° MARCHANDISES.

INDICATIONS DES MARCHANDISES.		PRIX.	OBSERVATIONS.
Commerce..	{ Marchandises encombrantes par tonne et par kilomèt.	20 c.	Les Bestiaux de toute espèce seront comptés comme marchandises encombrantes.
	{ Marchandises lourdes — —	15	
Transports de commission.	{ Tout paquet de marchandises qui sera remis isolément à l'entreprise de la route en fer, et qui pèsera moins de 500 kilog. acquittera les droits comme s'il avait ce poids.		
Dimanches et fêtes.	{ Le prix des places sera, pour les dimanches et fêtes, augmenté de..............................	25	Ces prix présentent une économie d'un tiers sur le roulage et la navigation.

Appliquant ce tarif au tableau de la circulation probable du chemin en fer, il vient pour le tableau des produits présumés de ce chemin, savoir :

Tableau des produits du chemin en fer de Paris à Poissy.

INDICATIONS.	DÉTAILS.	PRIX moyen par kilomèt.		DISTANCES en kilomèt.	PRIX moyen.		MINIMUM.	
							QUANTITÉS.	PRODUITS.
							voyageurs.	
Voyageurs.	De Paris à Saint-Cloud.........	f. » c.		8 ½	»	61,6	400000	246500 f.
	— Versailles...........		»	17	1	25	900000	1125000
	— Saint-Germain.....		»	28	1	50	600000	900000
	— Poissy............		»	55	1	75	120000	210000
	De Versailles à Saint-Germain...		»	11	»	61,6	44000	27104
							tonnes.	
Bestiaux...	De Paris à Poissy............	»	20	55	6	60	40000	264000
	De Poissy à Versailles.........	»	20	17	5	40	15000	51000
Roulage....	De Paris à Poissy............	»	17,5	54 ½	6	4	8000	48250
	De Paris à Versailles.........	»	17,5	15 ½	2	71	7000	18000
Navigation.	De Poissy à Paris............	»	15	54 ½	5	18	155000	802970
	Total des recettes annuelles......							3693694

Ce résultat de 3,693,694 fr. se rapporte très-approximativement au chiffre que nous avons indiqué ci-dessus de 3,700,000 fr., et s'accorde ainsi avec les *intéréts du commerce* et de *la Compagnie*, puisqu'au moyen de ce tarif, cette dernière obtiendra environ 10 pour 100 de ses *capitaux*, tout en présentant des économies considérables sur les prix des transports actuels, ainsi que nous le ferons voir par la suite.

Avant de clore ce chapitre important, nous pensons qu'il convient de dire un mot justificatif de l'estimation que nous venons d'établir en ce qui concerne particulièrement *les frais d'entretien, d'administration et surtout d'exploitation du chemin en fer.*

Dans cette estimation, ces frais divers s'élèvent à plus des *trois quarts de la recette totale*, et ce chiffre pourra paraître exagéré si l'on s'en rapporte aux approximations établies par tous les *ingénieurs* que nous avons cités au commencement de ce Mémoire.

Ainsi M. *Devilliers*, inspecteur divisionnaire des ponts et chaussées, compte à peu près la dépense annuelle de son chemin en fer pour la *moitié des recettes*.

M. *Polonceau*, inspecteur divisionnaire, établit ses calculs sur *la même base*, mais en comprenant dans ces dépenses *l'intérêt à 5 pour 100 du capital d'exécution*, ce qui réduit à moins *du tiers* des recettes son appréciation des frais d'exploitation.

C'est entre ces deux limites *du tiers à la moitié des recettes brutes* que se renferme *l'estimation des dépenses des autres projets*, à l'exception pourtant de celle du projet de M. *Richard*, qui dit formellement « que les « frais de service, d'entretien et d'administration des chemins en fer ne « s'élèvent jamais au-delà de 25 pour 100 de leurs produits. »

Ces estimations sont certainement insuffisantes, ainsi que nous l'avons annoncé plus haut.

On sait en effet que sur le chemin de *Manchester à Liverpool* les rendus de compte sémestriels n'ont pas encore présenté une seule balance où le montant des dépenses se soit élevé à moins des $\frac{2}{5}$ de la recette depuis l'origine de l'exploitation de ce chemin.

Il en est de même pour le chemin en fer de *Saint-Étienne à Lyon* où *les frais* se sont toujours maintenus aux $\frac{2}{3}$ au moins des recettes.

Or, nous ferons observer, 1° que sur le chemin de *Manchester à Liverpool* le combustible ne revient qu'à 9 *fr. la tonne*, et que sur celui de *Saint-Étienne à Lyon*, la même mesure de charbon coûte au plus *cinq* francs; 2° que le prix du charbon entre pour beaucoup dans le montant des frais de traction; 3° que dans les environs de *Paris* ce combustible ne vaut pas moins de 30 à 35 *fr. la tonne*, et que le *coke* y revient à 55 et 60 fr.; 4° enfin que dès lors il n'est pas étonnant que nos appréciations de dépenses soient plus élevées que celles des chemins en fer de *Manchester* et de *Saint-Étienne*.

Nous ajouterons que c'est en cela que nous paraissent pécher particulièrement tous les projets de chemins en fer qui ont été publiés jusqu'à ce jour : qu'il est à craindre, selon nous, que la faiblesse de ces estimations ne produise des mécomptes fâcheux dans les résultats que l'on attend d'un grand nombre d'entreprises de chemins en fer, calculées d'après des principes analogues à ceux-ci, et que c'est pour éviter une semblable *déception* à la Compagnie du chemin en fer de *Paris à Poissy* que nous avons préféré courir le risque d'exagérer un peu l'estimation de ses dépenses annuelles, plutôt que de nous tenir au-dessous de leur chiffre.

CHAPITRE V.

Dans les chapitres précédens l'on a décrit le tracé et les principales dispositions du projet de *chemin en fer* de *Paris* à *Poissy*; l'on a fait connaître les ressources que la circulation individuelle et commerciale des localités que ce projet doit parcourir, présentera à cette entreprise, et le tarif qui lui est nécessaire, en raison de l'élévation des dépenses de construction, et des frais annuels d'exploitation, pour rendre suffisamment avantageuse la spéculation qui sera basée sur cette affaire.

Maintenant l'on va indiquer avec détail tous les avantages, tant particuliers que généraux, qui résulteront de cette entreprise ainsi disposée.

Et d'abord l'on fera remarquer que ce projet, *qui ne traverse sur tout son développement aucune propriété importante*, n'exigera pas de travail d'art plus considérable que ceux qui sont compris dans les projets admis par les ponts et chaussées. Il ne contiendra en effet, dans ce genre, qu'*un pont* sur la *Seine*, *un viaduc* dans le *parc* de *Saint-Cloud*, et *deux galeries souterraines* pour aller jusqu'à *Versailles*, puis *un viaduc* dans la *vallée de Saint-Léger*, et *une troisième galerie souterraine* pour aller jusqu'à *Poissy* (1).

D'un autre côté, ce chemin sera disposé à la fois pour le transport des *voyageurs*, celui des *bestiaux* et celui des *marchandises*, et présentera à cet égard, au commerce et à la circulation, des facilités que n'offrirait au même degré aucun des autres projets déposés *aux ponts et chaussées*.

En effet, le projet de *Paris* à *Poissy* aboutissant aux abords du *pont* des *Invalides*, se trouvera à portée de l'*entrepôt du Gros-Caillou*, où les *marchandises* pourront se rendre à peu de frais et sans encombrement, par un camionage peu développé.

Tandis que celles qui arriveraient de *Versailles*, par le projet de M. *Defontaines*; de *Saint-Germain*, par celui de *Paris* au *Pec*; de *Poissy*, par le prolongement de ce même chemin de *Paris* au *Pec*, ou selon la ligne projetée par *Saint-Denis*, *Épinay* et *Maisons*; n'aboutiraient qu'à leur embarcadère commun, situé dans Paris, près de l'ancien emplacement de *Tivoli*, à *une lieue environ* de l'un ou de l'autre des deux *entrepôts* de cette ville, où les marchandises ne pourraient se rendre que par un *camionage* long et coûteux pour le commerce, encombrant pour les rues de la capitale, et d'une surveillance difficile pour les employés de l'*octroi* et de la *douane*.

D'un autre côté, le chemin en fer de Paris à Poissy, arrivant par un embranchement au *pont* même de Saint-Cloud, à la hauteur des promenades du parc, sera beaucoup mieux disposé pour la circulation qui a lieu entre *Saint-Cloud*, *Boulogne* et *Paris*, que ne le serait le projet de M. *Defontaines*, dont l'*embarcadère* serait placé à la sommité de la première de ces villes.

Quant à Versailles, l'embarcadère des voyageurs du chemin en fer de Paris à Poissy, étant situé sur la *place d'Armes*, point tout-à-fait central dans cette ville, se trouverait encore beaucoup mieux disposé pour la circulation que sur le *boulevard la Reine*, où aboutirait le projet de M. Defontaines. Ce dernier emplacement, en effet, éloignerait l'origine du chemin du quartier Saint-Louis, qui est le plus étendu et le plus habité de Versailles.

---

(1) **Ces** galeries à double voie n'auront que *mille mètres* au plus de longueur, de manière les convois de voyageurs les parcourront en moins de *deux minutes*.

A Saint-Germain le chemin en fer aboutirait sur le plateau même de la *forêt*, à la porte du *bois*, ce qui serait beaucoup plus avantageux pour les habitans de cette ville, que ne pourra l'être l'embarcadère du chemin que l'on construit maintenant entre Saint-Germain et Paris, qui sera placé à l'arrivée du *pont* du *Pec*, à plus d'*une demi-lieue* de distance du centre de la ville de *Saint-Germain*, où l'on ne parviendra qu'en gravissant une montée rapide, dont les inconvéniens pourront être incessamment accrus par la chaleur, le vent, la pluie, la neige ou l'obscurité de la nuit (1).

Enfin, à *Poissy*, le *chemin en fer* aboutira près de la *Seine*, à l'aval du *pont*, et à portée d'un *point qui semble disposé exprès par la nature pour former un port vaste et sûr*, tandis que les autres projets se termineraient nécessairement de l'autre côté de la ville, ce qui mettrait toujours les *marchandises* transportées par la *navigation* dans la nécessité de remonter le *pont de Poissy*, opération coûteuse, qui est quelquefois impossible, et qui présente toujours quelques dangers lors des hautes eaux.

Du reste, ces avantages de position des embarcadères ne seraient pas les seuls que le chemin de *Paris* à *Poissy* offrirait à la circulation; ainsi cette direction présentera d'abord au commerce une *prime* considérable pour les transports entre *Paris* et *Poissy*, en diminuant de 4 à 5 *kilomètres* (*un septième environ*), la distance qu'il faudrait parcourir sur les autres chemins entre ces deux villes.

Une diminution plus considérable encore se trouvera dans la ligne de *Paris* à *Versailles*, qui aurait 23,000 *mètres* de longueur, par le projet de M. *Defontaines*, et qui sera réduite de 6,000 *mètres* environ (ou de plus d'un quart), par celui de *Paris* à *Poissy*, puisqu'elle ne présentera sur sa direction que 16,600 *mètres* de longueur totale.

Quant à la distance de *Paris* à *Saint-Germain*, elle aurait au contraire une différence de 9,000 *mètres* environ d'augmentation par la direction de Paris à Poissy, relativement au développement complet du chemin de *Paris* au

---

(1) L'on a parlé de faire une *route spéciale* pour ce chemin en fer, et de la diriger par les grottes d'*Henri IV*, situées au-dessous de la terrasse de *Saint-Germain*, pour parvenir dans cette ville par une *pente* plus douce que celle de la route actuelle du *Pec* à *Saint-Germain*.

Cette modification de pente ne pouvant s'obtenir qu'en allongeant la route, les inconvéniens resteront toujours à peu près les mêmes.

Pec; mais comme les 9,000 *mètres* dont il s'agit ici seront parcourus en *dix-huit minutes*, il n'en résultera aucun désavantage pour le chemin en fer de *Paris à Poissy*, quant au temps du parcours, puisqu'on emploiera au moins ce même temps pour gravir la montagne depuis le *Pec* jusqu'à *Saint-Germain.*

D'ailleurs, le prix de ce trajet étant égal sur les deux lignes, il restera encore un avantage à celle de Paris à Poissy, qui évitera aux voyageurs l'inconvénient de gravir la montagne à pied, ou de payer pour se faire transporter par omnibus jusqu'à Saint-Germain même.

En prolongeant le projet du chemin en fer de *Paris* à *Versailles* jusqu'à *Poissy*, on a beaucoup ajouté à son utilité sous différens rapports.

Ainsi, en premier lieu, on a ouvert de cette manière une voie économique et rapide pour évacuer sans danger les *bestiaux* du marché de *Poissy* sur les *abattoirs* de la *capitale*, ce qui permettra de supprimer le passage continuel de ces nombreux troupeaux, qui détruisent les routes et qui compromettent fréquemment la sûreté publique.

Le *commerce* des *nourrisseurs* et celui des *bouchers* auront à réaliser ainsi des bénéfices considérables qui sont un sûr garant de la préférence qu'ils donneront à ce mode de transport, car ils épargneront, de cette manière, des *déperditions de poids*, des *frais de conduite*, de *nourriture*, et des *indemnités fréquentes*, qui leur deviennent très-onéreuses (1).

En second lieu, le tracé jusqu'à *Poissy* donnera passage aux marchandises qui s'échangent par la *Basse-Seine*, entre *Rouen* et *Paris*. Il présentera ainsi au commerce le moyen de substituer à un transport de *huit jours au moins, qui s'opère, sur trente lieues de longueur, par une navigation en remonte, hérissée de difficultés; entravée par des bas-fonds, et gênée par une quantité considérable de ponts entre Paris et Poissy*, une voie douce et facile qui rendra les marchandises en *deux heures de temps* à leur destination, et qui

---

(1) En été, un bœuf gras perd plus de 3 kil. de poids pendant le voyage de Poissy à Paris. D'un autre côté, ces animaux arrivant harassés aux abattoirs, on est obligé, pour que la viande ne perde pas de sa qualité, de les laisser reposer et de les nourrir pendant quelques jours, avant de les abattre.

Tous ces frais seront épargnés par le chemin en fer, moyennant un *droit* de 2 fr. 20 c. environ par *bœuf* (en les comptant à raison d'*un tiers de tonne* ou 300 kil. chaque), ce qui n'est pas le prix de leur déperdition de poids.

présentera cependant encore une *économie* de plus de 2 fr. par *tonne (un tiers environ des dépenses actuelles)* (1).

Or, la *navigation* de la *Seine*, se composant annuellement de 800,000 *tonnes*, l'économie que l'on pourrait réaliser ainsi s'élèverait à la somme considérable de 1,600,000 fr. par an.

De cette considération importante il faut encore tirer une conséquence utile, c'est que le chemin en fer étant, par la disposition exceptionnelle de sa localité, préférable, même sous le rapport de l'économie, à la ligne navigable qu'il peut remplacer, il serait permis, après sa construction, d'abandonner la partie de la *Seine* comprise entre *Paris* et *Poissy*.

De cette manière, les dépenses d'amélioration de ce fleuve, réclamées avec tant d'instance par le *commerce du Havre*, de *Rouen* et de *Paris*, n'auraient plus à s'étendre que sur la partie comprise entre *Rouen* et *Poissy*, et se trouveraient ainsi diminuées d'une somme considérable au *profit du Trésor*.

Ces avantages, du reste, ne sont pas uniquement attribuables au projet dont nous nous occupons, et toute autre direction suivie entre *Paris* et *Poissy* les auraient présentés avec des circonstances plus ou moins favorables; mais ce qui est particulier à ce projet, c'est qu'il n'établira pas seulement des relations entre *Paris* et *Saint-Cloud*, *Versailles*, *Saint-Germain* ou *Poissy*, mais encore des communications réciproques fort utiles pour toutes ces dernières

---

(1) D'après M. *Monier*, inspecteur de la navigation de la *Basse-Seine*, le prix moyen du transport de *Poissy* à *Paris* est, par tonne de marchandise............ 3 fr. » c.

Le bénéfice du roulier, de 10 fr., p. % est de..................... » 5o

En comptant la valeur de la marchandise pour 700 fr., la tonne et la distance de *Paris* à *Poissy*, pour ⅓ de celle de *Paris* à *Rouen*, on a :

Frais d'assurance, à raison de ⅙ p. %...	1	15
Coulage et déchet, à raison de ⅓ p. %...	2	5o
Intérêts pendant huit jours, à raison de ½ p. % par mois...	»	95

Prix du fret d'un tonneau ou 1,000 kil. pesant de marchandise, de *Poissy* à *Paris*, par la Seine............................. 7 fr. 68 c.

Par le chemin en fer le fret sera, d'après le tarif...	5	18
Camionage...	»	5o
Il n'y aura ni coulage, ni assurance, ni intérêt...	»	»

Total par le chemin en fer..................... 5 fr. 68 c.

Économie par le chemin en fer, 2 fr. par tonne.

villes, qui resteraient isolées entre elles avec les chemins en fer approuvés jusqu'à présent.

Ces communications secondaires seront surtout importantes entre *Versailles, Saint-Germain* et *Poissy* pour le transport des *voyageurs*, celui des *bestiaux* qui s'échangent chaque semaine entre les marchés de *Sceaux* et de *Poissy*, et surtout pour les approvisionnemens de *Versailles*.

Aujourd'hui les denrées expédiées de *Rouen*, par la *Basse-Seine* pour *Versailles*, remontent par la *navigation* jusqu'au *port Marly*, et même jusqu'à *Sèvres*, d'où l'on a encore à compléter leurs transports au moyen d'*un roulage de deux lieues de longueur*.

Avec le chemin en fer, la *remonte* ne se fera que jusqu'à *Poissy*, et l'économie qui résultera de la substitution du transport sur ce chemin, à celui qui se ferait par *eau* de *Poissy* à *Sèvres*, et par terre de *Sèvres* à *Versailles*, s'élèvera à plus de 10 fr. par *tonne*, dont le commerce et les consommateurs bénéficieront avec notre entreprise.

Ce projet serait donc d'une utilité générale bien plus étendue que tous ceux qui ont été présentés ou admis par l'administration, puisqu'il ouvrirait cette importante communication, qui resterait fermée avec toutes les autres lignes.

Mais il est encore une considération que l'on peut faire valoir en faveur de notre projet, et qui établit d'une manière tout-à-fait définitive *sa supériorité sur tous les autres*. Cette considération se rapporte aux résultats de l'entreprise considérée comme spéculation financière.

L'on a fait voir, dans ce qui précède, qu'avec le *tarif* proposé pour le chemin en fer de *Paris* à *Poissy*, on présentera aux marchandises une économie d'environ *un tiers* sur les prix actuels de leurs transports, soit par *terre*, soit par *eau*; et il est également facile de voir, par la comparaison des *prix du tarif* avec *ceux des voitures publiques* de *Saint-Cloud, Versailles, Saint-Germain* et *Poissy*, que ce chemin en fer offrira aussi aux voyageurs une économie de plus d'*un cinquième* sur leurs dépenses actuelles.

Et cependant, tout en présentant ces avantages à la circulation, la Compagnie concessionnaire du chemin en fer devra recueillir de cette entreprise 10 *pour* 100 *au moins de ses capitaux*, en sorte que l'affaire se trouvera ainsi combinée, de manière à satisfaire raisonnablement tous les intérêts à la fois.

En sera-t-il de même sur les lignes isolées de *Paris* à *Versailles*, à *Saint-Germain* et à *Poissy?* c'est ce qu'il faut examiner.

Il est bien vrai que d'après les calculs de leurs auteurs, ces projets se présentent comme devant être extrêmement productifs, mais n'est-il pas à craindre qu'il n'y ait beaucoup à rabattre sur ces espérances? et cela par le motif que l'on a déjà indiqué de la faiblesse des appréciations qui ont servi de base à l'estimation des frais d'exploitation de ces entreprises.

Pour comparer ces projets et celui dont il s'agit ici, sous le rapport des avantages pécuniaires, l'on va faire, sur chacun d'eux, l'application, en ce qui les concerne, de la statistique qui a été établie plus haut; puis l'on calculera sommairement leurs dépenses annuelles d'après les bases qui ont été adoptées ci-dessus, puis enfin on appréciera leurs produits d'après des tarifs qui rendent équivalens, sur chaque ligne, les avantages que le public doit en retirer.

De cette manière tous les élémens du calcul étant identiques, leurs résultats seront logiquement comparables.

1° *Projet de Paris à Versailles, passant par Asnières.*

Ce projet est estimé 4,100,000 fr. pour les 20.000 *mètres* de longueur qu'il aura depuis *Versailles* jusqu'à son embranchement à *Asnières* avec le **che-min du Pec.**

Partant de *Versailles*, il recevra les 900,000 voyageurs de cette ville, et les 7,000 *tonnes* de marchandises encombrantes qu'elle échange avec Paris.

Passant sur le haut de *Saint-Cloud*, le chemin recevra encore les 120,000 voyageurs sur lesquels on comptait seulement dans le projet de M. *Richard*, qui avait la même position que celui-ci relativement à cette ville.

Le trajet de *Paris* à *Versailles*, ou à *Saint-Cloud*, ne devant se compléter qu'en parcourant 2,918 *mètres* sur le chemin du Pec, pour la portion comprise de Paris à Asnières, la dépense des transports ne sera la même sur cette direction et sur celle du chemin de Paris à Poissy, qu'autant que le tarif sera diminué sur la nouvelle ligne de M. Defontaines, *d'un huitième* pour les transports de *Versailles*, et *d'un quart* pour ceux de *Saint-Cloud*, afin de tenir compte du péage qu'il y aura à solder pour la partie à parcourir sur le chemin de *Paris au Pec*.

D'après cela, le prix des marchandises encombrantes étant, sur le projet de Paris à Poissy, de 3 fr. 40 c. entre *Paris* et *Versailles*, il ne devra être compté que pour 3 fr. sur celui de M. *Defontaines;* et de même le prix des voyageurs devra se réduire à 1 fr. 10 c. de *Paris* à *Versailles*, et à 48 c. entre *Paris* et *Saint-Cloud*, sur le même projet de M. *Defontaines*.

Cela posé, les produits de ce chemin seront :

1° Pour marchandises, 7,000 tonnes à 3. fr.............	21,000 fr.
2° Pour voyageurs de Versailles, 900,000 à 1 fr. 10 c.......	990,000
3° Pour voyageurs de Saint-Cloud, 120,000 à 48 c........	57,600
Total des produits...............	1,068,600

Et les dépenses annuelles s'élèveront, savoir :

1° Pour frais d'administration..............	70,000 fr.
2° Pour garde et police...................	20,000
3° Pour entretien.......................	82,000
4° Pour frais de traction :	
Des *marchandises*, 140,000 kil. à 10 c....	14,000
Des *voyageurs*, 19,200,000 kil. à 4 c....	768,000
5° Dépenses imprévues...................	60,000
Total des dépenses annuelles........	1,014,000

Ce qui ne laisserait que........................	54,600

de produits nets pour servir les intérêt de 4,100,000 fr. de capital, ce qui ne produirait *qu'un intérêt de* 1 *fr.* 33 *c. pour* 100.

2° *Projet de Paris à Poissy, par le Pec.*

L'on va considérer de préférence la ligne qui passerait par le *Pec*, parce qu'ayant une plus grande circulation, elle serait probablement la plus avantageuse.

Cette ligne coûterait environ 8,000,000 fr. (1), elle aurait 38,000 *mètres* de longueur totale, savoir : 19,000 *mètres* du *Pec* à *Paris*, et 19,000 *mètres* du *Pec* à *Poissy*.

Comme partant de *Poissy* elle recevrait les 120,000 *voyageurs* de *Poissy* à *Paris*, les 155,000 *tonnes* de la *navigation*, les 40,000 *tonnes* de *bestiaux*,

---

(1) Quoique cette ligne soit plus longue que la nôtre de *cinq kilomètres*, nous l'estimerons *un million de moins*, pour tenir compte des travaux plus importans qui se trouvent sur notre direction.

les 8,000 *tonnes* de *marchandises* encombrantes de Saint-Germain et de Poissy, et jusqu'au *Pec* les 15,000 *tonnes* de *bestiaux* qui s'échangent entre *Poissy* et *Sceaux*.

Et comme partant de *Saint-Germain* elle aurait les 600,000 *voyageurs* de cette ville,

Le prix du transport d'une tonne de bestiaux et de marchandises encombrantes depuis *Poissy* jusqu'à *Paris* serait, d'après notre tarif, de   6 f. 80 c.

Celui des *marchandises* ordinaires, de....................   5   18

Celui des *voyageurs*, de..............................   1   75

Celui des *bestiaux* de *Poissy* au *Pec*, de moitié du transport entre *Versailles* et *Poissy*.....................   1   70

Enfin le prix des voyageurs de *Saint-Germain* à *Paris* en comptant pour 25 c. la course d'omnibus du *Pec* à *Saint-Germain* sera de.....   1 f. 25 c.

D'après cela les produits du chemin s'élèveraient, savoir :

1° Marchandises de la navigation, 155,000 tonnes, à 5 fr. 18 c. la tonne, ci...   802,900 fr.

2° Marchandise encombrantes (pour Paris), 48,000 tonnes, à 6 fr. 80 c. la tonne...........................   326,400

3° Marchandises encombrantes (pour le Pec), 15,000 tonnes, à 1 fr. 70 c. la tonne.........................   25,500

4° Voyageurs de Poissy à Paris, 120,000, à 1 fr. 75 c.....   210,000

5° Voyageurs de Saint-Germain à Paris, 600,000, à 1 fr. 25 c.   750,000

Total des produits.........   2,114,800

Quant aux dépenses annuelles, elles s'élèveraient :

1° Pour administration...........   88,000 fr.

2° Pour garde et police...........   38,000

3° Entretien...................   160,000

4° Frais de traction de toute nature : machines, charbon, personnel, etc., etc., savoir :

Marchandises, 7,999,000 kil. à 10 c.......   799,900

Voyageurs, 15,960,000 kil. à 4 c.......   638,400

5° Dépenses imprévues............   120,000

Total des dépenses annuelles......   1,844,300

Ainsi cette entreprise ne produirait de bénéfice net que   270,500 pour un capital de 8,000,000 fr. *ce qui ferait environ 3 fr. 38 c. pour* 100.

3° *Chemin en fer de Paris au Pec seulement, tel qu'il s'exécute en ce moment.*

Ce chemin aura 19,000 *mètres* de longueur; il est estimé, d'après ses nouvelles évaluations, à 5,000,000.

Nous allons d'abord le considérer isolément, en supposant qu'il ne soit pas question du chemin en fer de *Paris* à *Poissy*.

Alors, en traitant largement la question, on pourra lui attribuer d'abord les 155,000 *tonnes* de marchandises de la navigation (1), les 40,000 *tonnes* de *bestiaux* du marché de *Poissy* (2), les 8,000 *tonnes* de *marchandises* encombrantes de Saint-Germain et de Poissy, enfin, les 120,000 *voyageurs* de *Poissy*, et les 600,000 *voyageurs* de *Saint-Germain* à *Paris*.

L'on obtiendra ainsi le *maximum* de tous les produits possibles de ce chemin, qui se composeront, savoir :

1° Marchandises de la navigation, 155,000 tonnes à 2 fr. 85 c. la tonne, ci. . . . . 441,750 fr.

2° Marchandises encombrantes, 48,000 tonnes à 3 fr. 80 c. la tonne. 182,400

3° Voyageurs, 720,000 à 1 fr. 25 c. 900,000

Total des produits. 1,524,150

Quant aux dépenses anuelles, elles seront :

1° Pour administration. . . . . 68,000 fr.

2° Pour garde et police. 19,000

3° Pour entretien. 100,000

A reporter 187,000   1,524,150

---

(1) Il est bien douteux que ces transports passent par le chemin en fer, parce qu'étant arrivés au Pec, la navigation aura déjà surmonté une bonne partie des difficultés de la Seine.

(2) Il est une partie de ces transports qui échapperont certainement au chemin en fer du Pec, c'est celle des veaux (qui est considérable), parce qu'il faudrait les charger sur les voitures pour les conduire au Pec; les décharger et les charger de nouveau dans les wagons, enfin les décharger et les recharger encore à Paris.

Toutes ces manœuvres feront probablement préférer le transport ordinaire tant que le chemin en fer n'ira pas jusqu'à Poissy.

Report.	187,000	1,524,150

4° Frais de traction de toute nature, machines,
    charbon, personnel, etc., etc., savoir :
Marchandises, 3,857,000 kilom. de parcours
    par an, à 10 c. 385,700
Voyageurs, 13,680,000 kilom. de parcours
    par an, à 4 c. 547,200
5° Dépenses imprévues. 60,000
        Total des dépenses annuelles. 1,179,900

Ainsi, dans cette hypothèse, ce chemin en fer rapporte-
rait un dividende de. 344,250
pour un capital de 5,000,000, *c'est-à-dire 6 ½ pour* 100.

Mais cette situation, à peine supportable, changerait bien s'il s'établissait
un chemin en fer de *Paris* à *Poissy*, lors même que l'exécution de ce chemin
n'entrerait pas en concurrence avec celui du Pec pour les transport de Saint-
Germain, car alors la circulation de ce dernier chemin en fer se réduirait
aux 8,000 *tonnes* de marchandises encombrantes et aux 600,000 voyageurs
de *Saint-Germain.*

Les produits *seraient* donc seulement, savoir :
1° Marchandises encombrantes, 8,000 tonnes, à 3 fr. 80 c. .   30,400 fr.
2° Voyageurs, 600,000, à 1 fr. 25 c.   750,000
        Total annuel des produits.   780,400
Et les dépenses *seraient*, savoir :
1° Pour frais d'administration. . . . . 68,000 fr.
2° Pour frais de garde et police. 19,000
3° Entretien. 100,000
4° Pour frais de traction de toute nature, ma-
    chines, charbon, personnel, etc., etc., savoir :
Marchandises, 152,000 kilom. de parcours par
    an, à 10 c. 15,200
Voyageurs, 11,400,000 kilom., à 4 c.. 456,000
5° Dépenses imprévues. 60,000
        Total annuel des dépenses. 718,200
Le produit net, pour un capital de 5,000,000, serait donc de. 62,200
ou de 1 *fr.* 20 c. *pour* 100 *seulement.*

Or, le port de *Poissy* a trop d'importance sur la *Basse-Seine*, pour ne pas devenir tôt ou tard le point de départ ou de passage d'un chemin en fer dirigé sur *Paris*; il faut donc reconnaître qu'il est à craindre que cette entreprise ne devienne ruineuse pour ses actionnaires, et ruineuse sans ressource, puisque, en poussant eux-mêmes leur ligne jusqu'à *Poissy*, ils n'amélioreraient que bien peu leur position.

Quoi qu'il en soit, il résulte toujours de ces calculs que les mêmes élémens, qui produiraient 10 pour 100 à la Compagnie du chemin en fer de *Paris* à *Poissy*, ne donneraient que des résultats bien inférieurs et tout-à-fait insuffisans sur la ligne adoptée jusqu'à présent pour *Paris* et *Versailles*, et même sur celles qui sont présentées entre *Paris* et *Poissy*; et comme l'administration place dans ses devoirs d'éclairer les *capitalistes* sur les probabilités de succès des opérations qui leur sont présentées, afin d'éviter, autant que possible, des mécomptes qui, s'ils se renouvelaient trop fréquemment, éloigneraient les capitaux des entreprises d'utilité publique, *elle trouvera sans doute dans ce dernier résultat un motif puissant de prendre en très-grande considération le projet que nous lui présentons*, parce qu'il doit satisfaire le mieux, et de toutes les manières possibles, à ce que l'on peut attendre d'avantageux d'une semblable entreprise (1).

Pour être en droit de réclamer cette haute impulsion, il reste à examiner le projet de *Paris* à *Poissy*, sour le rapport des *pentes* qu'il contiendra et du *système* de *locomotion* dont on fera usage sur ce chemin.

C'est ce que nous allons faire dans les chapitres suivans.

---

(1) Il faut remarquer que si l'on contestait les bases des appréciations que nous avons établies pour les dépenses d'exploitation de ces chemins de fer, en les accusant d'exagération, la position des lignes construites en concurrence avec le chemin de fer de Paris à Poissy ne s'améliorerait pas; car si les frais étaient moins considérables que l'on ne le présume ici, les produits s'élèveraient d'autant sur toutes les ligues, ce qui permettrait d'abaisser le tarif du chemin de Poissy dans une proportion que les autres lignes ne pourraient pas supporter, puisqu'alors les recettes s'élèveraient de beaucoup au-dessus de 10 pour 100.

CHAPITRE VI.

DES PENTES ET DES MOYENS DE LOCOMOTION QUI SERONT EMPLOYÉS
SUR LE CHEMIN EN FER DE PARIS A POISSY.

Les difficultés du projet résultent des hauteurs qu'il présente à franchir. — Les plans inclinés à machines fixes sont rejetés. — Les pentes continues qui excèdent celle de cinq millimètres par mètre le sont également. — Inconvénient de cette dernière pente. — Plans inclinés du projet. — Locomotion par le moyen de machines de renfort. — Exemple de cette locomotion. — Elle peut s'appliquer à des plans dressés à deux centimètres par mètre. — Emploi de ces plans inclinés dans le projet. — Leur nombre, leur emplacement, leur longueur. — Parties ordinaires du chemin en fer. — Machines locomotives, leur puissance, leurs dimensions. — Consommation de ces machines. — Vitesses sur les parties ordinaires du chemin en fer. — Convois de voyageurs, de marchandises. — Remonte. — Rails à double bandes. — Machines locomotives à double jantes. — Machines de renfort. — Descente. — Rainures creuses à fourrure en bois.

Ainsi qu'il a été dit précédemment, la principale difficulté que présente l'établissement d'un projet de chemin en fer entre *Paris*, *Versailles*, *Saint-Germain* et *Poissy*, résulte des accidens du sol et des hauteurs que son relief oblige à surmonter.

L'on a vu aussi qu'à l'égard des différens moyens qui sont employés sur les chemins en fer pour franchir les obstacles de cette nature, le Conseil général des ponts et chaussées repousse absolument l'usage des plans inclinés qui doivent être accompagnés de machines fixes et des câbles qui en dépendent, et que de même ce Conseil répudie les pentes prolongées qui présentent plus de 5 *millimètres* d'inclinaison par *mètre*.

Enfin l'on a fait voir que l'emploi de ces dernières pentes donnait lui-même naissance à un inconvénient extrêmement grave dans cette localité, celui de *forcer à prolonger de beaucoup le développement du tracé du chemin*, comme l'a fait M. *Defontaines*, dont le projet présente 23,000 *mètres* ou *cinq lieues trois quarts* de longueur, tandis que par les routes ordinaires il existe à peine *quatre lieues* de distance entre les deux extrémités du chemin (il y a ainsi *plus d'un tiers* d'augmentation de longueur).

Pour éviter cet inconvénient, tout en ayant égard aux décisions *du Conseil*, l'on s'est proposé, dans le projet de *Paris* à *Poissy*, de franchir les principales hauteurs du terrain au moyen de *plans inclinés*, mais dressés selon des pentes assez douces pour que l'on puisse les faire franchir aux convois de voyageurs et de marchandises qui fréquenteront le chemin, sans le secours de *machines fixes*, et au moyen seulement de *deux machines locomotives* qui seront, l'*une*, la *machine ordinaire* du convoi, et l'*autre une machine* de *renfort*, cette dernière n'agissant et ne faisant partie des convois que pendant le parcours des *plans inclinés*.

Il existe en *Angleterre* un exemple bien connu de ce *système* de *locomotion* pour le *passage* des *plans inclinés* de *Whiston* et de *Sutton* sur le *chemin en fer* de *Manchester* à *Liverpool*, où des convois de 26 à 28 *tonnes* de poids (non compris celui des machines), sont journellement remontés sur ces *plans inclinés*, dressés à 1 *centimètre* par *mètre*, au moyen de leur *machine locomotive* ordinaire et d'une *machine* de *renfort* semblable.

En examinant les effets de ce *système* de *locomotion*, l'on a cru s'apercevoir qu'avec ce poids de 26 à 28 *tonnes*, les *machines* réunies *n'utilisaient pas toute la puissance qu'elles peuvent développer à la remonte des plans inclinés*, tellement que ces machines paraissaient capables de traîner un *poids plus élevé* que celui dont elles sont habituellement chargées; et en effet, l'on a vu la *Flèche* et le *Dard* (machines construites sur le principe de la *Fusée*) traîner sur le *plan incliné* de *Sutton* jusqu'à 33 *tonnes de poids* (1) (non compris celui des machines), ce qui faisait en tout 41 *tonnes;* encore faut-il remarquer que ce qui s'est opposé à ce qu'on ait chargé davantage ces machines dans cette circonstance, c'est qu'au-delà de *ce poids*, l'*adhérence* (qui agissait déjà au $\frac{1}{14}$) devenait insuffisante, et laissait *glisser les roues de la machine sur les rails du chemin.*

L'on a conclu de là, qu'en employant des moyens propres à donner à l'*adhérence* une plus grande puissance, il eût été possible d'augmenter encore le tonnage du convoi; ou, ce qui revient au même, qu'en conservant au con-

---

(1) Annales des ponts et chaussées, janvier et février 1831.

voi *son poids primitif*, on aurait pu lui faire gravir une *pente plus rapide* que celle de 1 *centimètre* par *mètre*.

C'est ainsi que l'on a été conduit à reconnaître que l'application du *système de locomotion* des *machines* de *renfort* était possible sur des *plans inclinés*, dressés à 2 *centimètres* par *mètre*, en conservant aux convois un *tonnage convenable* pour la spéculation, et que l'on s'est déterminé à employer des *plans inclinés* de cette nature pour surmonter les principaux *accidens du sol*, sur la direction du *chemin en fer* de *Paris* à *Poissy*, passant par *Saint-Cloud*, *Versailles* et *Saint-Germain*.

Ces *plans inclinés* seront distribués sur le chemin en *trois volées*, l'*une* d'elle, placée entre *Paris* et *Versailles*, commencera au *parc de Saint-Cloud*, elle aura 3,726 *mètres* de longueur, et sera la seule qu'il faudra gravir en parcourant le chemin dans la direction de *Paris* à *Poissy*.

Les *deux autres* seront inclinés en sens contraire. La *première* prendra naissance à *Poissy* même, pour élever le chemin en fer sur le *plateau* de *Saint-Germain*, elle aura 1,342 *mètres* de longueur totale; l'*autre* servira à monter du *plateau* de *Saint-Germain* sur celui de *Versailles*, qui est plus élevé; elle se composera de *deux parties:* la *première*, de 811 *mètres*, et la seconde de 793 *mètres* de longueur, séparées par une *rampe* de 695 *mètres* de longueur, dressée à 2 *millimètres* et ½ par *mètre*.

Sur le surplus du chemin en fer l'on ne fera usage que de *pentes ordinaires*, qui n'excéderont pas celle de 2 *millimètres* et ½ par *mètre* (*Voir* la carte et le profil du nivellement général).

Lorsqu'un chemin en fer doit être parcouru, comme celui qui nous occupe, par des voyageurs et des marchandises, avec la plus grande vitesse habituelle de ces transports, celle de 32 *kilomètres* ou huit lieues à l'heure pour les voyageurs, et de 16 *kilomètres* ou quatre lieues à l'heure pour les marchandises, il importe à la conservation du chemin en fer, de modérer le tonnage des convois, c'est pourquoi l'on ne se servira ici que de *machines locomotives*, qui, avec une force de dix à douze *chevaux*, ne pèseront moyennement que quatre *tonnes*. *Machines* dont il existe plusieurs modèles en activité sur les *chemins en fer de l'Angleterre*.

Nous donnerons à ces machines deux *cylindres* à vapeur de 24 *centimètres* de *diamètre*, et de 40 *centimètres* de course; leurs *pistons* auront ainsi 452 *centimètres carrés de surface* chacun, et 904 *centimètres* ensemble.

Enfin les *roues* du *charriot locomoteur* auront 1 *mètre* 40 *centimètres* de diamètre, et 4 *mètres* 40 *centimètres* de circonférence.

D'après les *expériences* faites sur la consommation de ces *machines* (1), elles n'exigeront qu'un approvisionnement d'*eau* et de *charbon* de 2,000 *kilogrammes* pesant au plus, pour le parcours des 34 *kilomètres* qui composent le trajet de *Paris* à *Poissy*, en sorte que ce trajet tout entier se fera, sans temps d'arrêt, en donnant aux chariots d'approvisionnement trois *tonnes* de *poids*, ce qui portera à sept *tonnes* le poids pour lequel le *chariot* et la *machine* entreront dans la masse des convois.

Quant au tonnage total de ces convois, il sera déterminé de manière à ce que, avec leur *machine locomotive*, ils puissent parcourir les *pentes* les plus rapides des parties ordinaires du chemin avec une vitesse de huit *lieues* ou de 32 *kilomètres* à l'heure (8 *mètres* 80 *centimètres par seconde*) pour les convois de voyageurs, et de quatre *lieues* ou de 16 *kilomètres* à l'heure (4 *mètres* 44 *centimètres par seconde*) pour les convois de marchandises.

Ainsi *un cheval de feu* étant capable d'élever un poids de 75 *kilogrammes* par seconde, à 1 *mètre* de hauteur, ou porter 274 *kilogrammes* par *heure*, à 1 *kilomètre* de distance; *une machine* de la force de douze *chevaux* pourra transporter un *poids* de 3,288 *kilog.* par heure sur 1 *kilomètre* de longueur.

D'après cela les convois de voyageurs, devant marcher à 32 *kilomètres* à l'*heure*, pourront opposer une résistance de $\frac{3,288 \text{ kilog.}}{32} = 102$ *kilog.* et un convoi de marchandises qui ne marchera qu'à raison de 16 *kilomètres* à l'*heure*, pourra présenter une résistance de $\frac{3,288 \text{ kilog.}}{16} = 204$ kilog.

En donnant la valeur de 0,004 au *coefficient* du frottement, la résistance sur la pente la plus forte des parties ordinaires, celle de 3 *millimètres* par *mètre*, sera égale à 0,007. D'où il suit que le tonnage complet des convois de voyageurs pourra s'élever à $\frac{102 \text{ kilog.}}{0,007} = 14$ *tonnes* 57. Et celui des marchandises à $\frac{204 \text{ kilog.}}{0,007} = 29$ *tonnes* 14, quantités que nous réduirons à 14 *tonnes* et à 28 *tonnes* pour tenir compte des variations qu'il y aura nécessairement dans le poids des convois.

Retranchant le poids de la *machine* et de son *chariot* (7 tonnes), et comptant les *wagons* ou *berlines* pour un tiers du reste, on trouve pour le *poids effectif*, transporté par chaque convoi, savoir :

---

(1) Voir l'ouvrage de *M. Wood*, sur les chemins en fer.

1° Pour les voyageurs , 4 *tonnes* , 66 de poids, ou 60 à 70 personnes à raison de 14 personnes par tonne.

2° Pour les marchandises, 14 *tonnes* de poids effectif.

La voie en remonte des *plans inclinés* sera construite avec des *rails* à *double bande* garnie de *bois* ou de *cuirs*.

Ces *doubles bandes*, qui auront pour objet de donner plus de *force* à l'*adhérence* des *chariots locomoteurs*, ne serviront qu'aux convois de marchandises dont les *machines locomotives* seront armées de *roues* à *doubles jantes*.

Les machines des convois de voyageurs ne différeront pas des *machines* ordinaires, non plus que les *machines* de *renfort* des deux espèces de convois.

Enfin la voie en descente des *plans inclinés* présentera, au lieu de *rails saillans en fer*, des *rainures creuses*, dont le fond sera garni de *plats-bords en bois*, et qui recevront encore au besoin de la *terre*, du *sable*, du *beton*, etc., etc., pour résister à la précipitation des convois (*Voir* les plans et les détails à la carte générale).

Avant de passer à la justification de ces différentes dispositions, et de prouver qu'elles s'accorderont parfaitement avec la *sûreté* et la *facilité* de la *locomotion* sur le *chemin en fer* de *Paris* à *Poissy*, il nous faut entrer dans quelques détails sur les principes qui nous ont guidés dans nos calculs et sur ceux qui ont été adoptés par la *commission des ponts et chaussées*, qui a été chargée d'examiner notre *système* ; c'est ce que nous allons faire dans le chapitre suivant.

CHAPITRE VII.

DISCUSSION DES PRINCIPES ADOPTÉS PAR LA COMMISSION DES PONTS ET CHAUSSÉES
RELATIVEMENT A LA LOCOMOTION SUR LES CHEMINS EN FER.

———————

———————

Lorsque le projet de *chemin en fer de Paris à Poissy* fut définitivement arrêté et remis à M. le *directeur général* des ponts et chaussées (ce qui eut lieu le 22 janvier 1835), cet administrateur le renvoya à l'examen d'une commission d'ingénieurs des ponts et chaussées composée:

1° De M. *Devilliers*, inspecteur divisionnaire, auteur de l'un des projets dont nous avons parlé ci-dessus, et président de la commission;

2° De M. *Polonceau*, inspecteur divisionnaire, chargé de l'étude du chemin en fer de *Paris à Orléans* et à *Bordeaux ;*

3° De M. *Navier*, ingénieur en chef, chargé de l'étude du chemin en fer de *Paris à Strasbourg ;*

54

4° De M. *Defontaines*, ingénieur en chef, chargé de l'étude des chemins en fer de *Paris* à *Lyon*, de *Paris* à *Orléans*, et postérieurement de *Paris* à *Versailles*.

5° Enfin de M. *Tarbé* fils, ingénieur ordinaire, secrétaire de la commission.

M. *Polonceau* résigna les fonctions de membre de la commission et fut remplacé par M. *Coriolis*, ingénieur en chef des ponts et chaussées.

Cette commission se prononça contre le *système de locomotion* proposé pour le chemin de *Paris* à *Poissy*, afin de faire remonter aux convois des *plans inclinés*, dressés à *deux centimètres* par mètre au moyen de *machines locomotives et de renfort* seulement.

Cette opinion était établie sur deux points principaux.

D'abord sur ce que les machines choisies n'auraient pas la puissance nécessaire pour exercer *l'effort* qu'exigeraient de semblables convois en remontant les *plans inclinés*.

Ensuite sur ce qu'il y aurait *danger* à la descente par la précipitation qui entraînerait nécessairement les convois dans ce sens.

Avant d'examiner les deux points principaux de cette critique, nous allons établir un principe dont la *Commission* s'est écartée; principe qui se rapporte à l'appréciation du coefficient du frottement, que nous comptons pour 0,004 seulement et qu'elle comprend dans ses calculs pour 0,005, ce qui exerce une influence très-sensible sur les résultats obtenus.

La *Commission* justifie son appréciation à cet égard, en se reportant aux instructions données par le conseil général des ponts et chaussées, aux ingénieurs qui ont été chargés, *il y a trois ans*, d'étudier pour le compte de l'administration les principales lignes des chemins en fer de la France.

Alors, en effet, le conseil devait admettre cette valeur de cinq millimètres qui résultait de l'expérience pour le coefficient de la résistance des convois.

Mais depuis cette époque, ce chiffre s'est beaucoup abaissé par suite du perfectionnement des véhicules employés sur les chemins en fer; car pour certaines voitures, il s'est réduit à deux millimètres seulement.

Dans le Mémoire de M. de Pambour, chapitre III, on trouve que le coefficient du frottement déterminé, *d'après un très-grand nombre d'expériences* faites sur des convois considérables, a été seulement de 0,0026. Ainsi on doit maintenant diminuer l'ancienne valeur de 0,005, et en la réduisant à

0,004, comme nous l'avons fait, on sera encore sûr d'être au-delà de la vérité et d'exager la résistance (1).

C'est d'après cette même valeur de 0,005 donnée au coefficient du frottement, que le conseil général avait fixé à cinq millimètres par mètre la limite des pentes ordinaires que l'on pouvait employer sur les chemins en fer, parce qu'au-delà de cette pente, *l'action de la pesanteur l'emportait sur la résistance, et faisait prendre un mouvement spontané aux convois.*

Maintenant que cette résistance est abaissée et n'est plus que les *trois* ou *quatre millièmes du poids du convoi* (de telle sorte que la pesanteur prend le dessus sur les pentes qui excèdent *trois* ou *quatre* millimètres par mètre), on ne devrait plus employer sur les parties ordinaires des chemins en fer des pentes qui excèdent cette limite, car elles seraient dangereuses comme l'étaient précédemment celles qui excédaient *cinq millimètres* par mètre.

C'est pour cela que l'on a maintenu les pentes ordinaires du projet dont il s'agit ici au-dessous de *trois* millimètres par mètre, et que pour se tenir au-delà de la vérité, de manière à ne rien supposer en sa faveur, l'on a compté cependant le *coefficient du frottement* pour 0,004.

Cette première rectification établie, on va passer aux principales objections de la *Commission*, et s'occuper d'abord de celle qui a pour objet l'insuffisance des machines locomotives et de renfort pour faire remonter aux convois des *plans inclinés* dressés à *deux centimètres par mètre.*

Dans un premier rapport que fit la Commission des ponts et chaussées sur le Mémoire remis à l'administration pour justifier le nouveau système de locomotion que l'on proposait d'employer sur le chemin en fer de Paris à Poissy,

La Commission avait établi en principe :

1° « Que *la pression* transmise par les *pistons des machines* n'est pas
« *égale* à celle qu'ils reçoivent de *la vapeur*, et que la *tension* de la va-
« peur dans le corps de pompe n'est pas la même que dans la chau-
« dière ;

---

(1) Lors de la nouvelle édition de l'ouvrage de M. Wood, qui a été publiée en 1832, cet auteur ne comptait déjà que pour 0,0045 le coefficient du frottement dont il s'agit, et prévoyait son abaissement successif qu'il annonce comme une chose tout-à-fait probable.

2° « Que pour les *machines à hautes pressions* agissant sans condensa-
« tion et sans détente (comme les machines locomotives), il y a, d'après
« M. *Tredgold*, $\frac{4}{10}$ de la puissance qui sont absorbés et $\frac{6}{10}$ seulement de
« transmis. »

M. *Tredgold*, en effet, recherchant la perte de puissance qu'éprouvent les
machines locomotives, dit dans son *Traité pratique des chemins en fer*
(p. 115), qu'en désignant par f la tension dans la chaudière, par f' la différence entre cette tension et l'effort transmis par les pistons, et qu'en représentant par 30° la pression atmosphérique, on aura pour la perte de la puissance de ces machines : $f' = \frac{1}{4} f + 30°$; en supposant que la machine fonc-
tionnât sous une pression de 4 à 4,50 atmosphères, on trouverait $30° = \frac{4}{17} f$
et $f' = (\frac{1}{4} + \frac{4}{17})f = \frac{33}{68} f = 0,41 \times f$; en sorte que ce résultat s'accordait
parfaitement avec la déclaration de la Commission.

L'on avait donc lieu de penser que cette formule était bien celle qui avait
servi de base aux calculs présentés par la Commission, puisqu'il y avait
identité dans les résultats ainsi que dans le nom de l'auteur cité, et que d'ailleurs ce document était puisé dans un ouvrage qui traite d'une manière spéciale de la question dont elle avait à s'occuper.

L'on s'établit donc sur cette conséquence bien naturelle, et l'on *critiqua* le
rapport de la *Commission*, dans une réponse où l'on fit voir qu'il y avait *erreur* d'*une atmosphère* dans ses calculs, et qu'en adoptant son hypothèse et
ses méthodes on parvenait, au moyen de la rectification de cette *erreur*, à
des résultats favorables aux dispositions que l'on avait définitivement adoptées pour le *chemin en fer* de *Paris à Poissy*.

Mais alors la Commission prétendit, dans un *second rapport*, que l'on
avait été trompé par l'apparence lorsque l'on avait pensé qu'elle s'était servie
de la formule dont on vient de parler, et qu'elle avait fait usage d'une autre
formule établie par le même auteur, M. *Tredgold*, pour apprécier la perte
de puissance des *machines fixes*.

En sorte que la Commission ayant à estimer la perte d'action qu'éprouve
une *machine locomotive*, déclara ainsi l'avoir calculée, d'après une méthode
applicable aux *machines fixes*, quoique l'auteur, auquel elle a cru devoir
s'en rapporter, ait fait lui-même une distinction très-grande entre les deux
espèces de machines, puisqu'il a calculé, dans des formules spéciales, la
perte relative à chacune d'elles.

En recevant cette déclaration, on se demanda, toutefois, quelle analogie il pouvait y avoir entre les causes de déperdition de force d'une *machine lo-comotive* et d'une *machine fixe*, lorsque, dans celle-là, le mécanisme est réduit à sa plus simple expression, tandis que dans la dernière il existe des *volans*, des *balanciers*, des *pompes* et des *articulations* multipliées, dont les machines locomotives sont débarrassées, qui augmentent nécessairement de beaucoup les frottemens, et par conséquent aussi la puissance employée en pure perte pour les surmonter.

L'on se demanda aussi comment, en se servant de cette nouvelle formule, qui exprime la perte de la puissance par $\left(\frac{T}{x}+1\right)$, ($T$ représentant la tension totale comptée en atmosphère), la Commission avait pu annoncer un résultat en harmonie avec la formule spéciale de M. *Tredgold*, lorsque celle-ci donne pour $T=4,25$, $\left(\frac{T}{x}+1\right)=3,12$, c'est-à-dire les $\frac{7}{10}$ et non pas les $\frac{4}{10}$ de la tension totale.

Quoi qu'il en soit, si l'on estime l'*effort* que devraient faire la *machine locomotive* et de *renfort* pour remonter les convois de marchandise et de voyageurs sur les plans inclinés dressés à 2 *centimètres* par *mètre*, on trouve d'abord, en thèse générale, pour l'expression de la tension utile sur les pistons :

$$t = \frac{\pi r}{c}\,\frac{(P+p)(n+a)}{s} \qquad (1)$$

L'on a en outre pour la tension perdue :

$$\left(\frac{T}{x}+1\right) = T - t$$

Pour calculer d'après les principes de la commission, il faut faire $r=0,70$; $c=0,40$; $P=8,50$ *tonnes* pour les voyageurs, et $P=21$ *tonnes* pour les marchandises (2). $p=8$ *tonnes*; $n=0,005$; $a=0,02$; $s=1808$ et $x=2$.

---

(1) En appelant P le poids des wagons chargés, p celui du moteur mécanique, $(P+p)$ est le poids total du convoi; n étant le coefficient du frottement et a l'inclinaison du chemin, $(P+p)(n+a)$ est la résistance du convoi aux roues de la machine, r le rayon des roues, c la course du piston, $\frac{\pi r}{c}(P+p)(n+a)$ est la résistance du convoi aux pistons de la machine; enfin s étant la surface des pistons, $\frac{\pi r}{c}\,\frac{(P+p)(n+a)}{s}$ est la résistance par centimètre carré, ou la tension utilisée $=t$.

(2) En donnant au coefficient n la valeur de 0,005, une machine de la force de 12 che-

Au moyen de quoi l'on obtient, des deux expressions ci-dessus :

	Tension utilisée.	Tension totale.
1° Pour les voyageurs.	1 k. 25	4 k. 50
2° Pour les marchandises.	2 20	6 40

En sorte que, même avec le *système de la Commission* et avec les machines locomotives que nous avons décrites, la locomotion sur les plans inclinés serait possible pour les voyageurs, sans dépasser la tension extrême de 4 *kil.* 50 par *centimètres* carrés, ce qui est l'objet important sur le chemin en fer de *Paris à Poissy*.

Quant aux transports de marchandises, ils pourraient également avoir lieu, en modifiant la forme des machines, sans altérer leur puissance; il suffirait en effet, pour cela, d'accroître le diamètre des cylindres des machines locomotives et de renfort, affectées à ce service, et l'on remplirait cet objet en donnant à ces cylindres 0,32 centimètres de diamètre (1).

Cette dimension est d'un usage ordinaire pour les transports qui doivent marcher avec moins de rapidité; elle pourra s'employer sans augmentation de dépense dans cette circonstance, car elle ne doublera même pas la capacité des cylindres, ce qui pourrait cependant avoir lieu pour les marchandises, puisque la marche de ces transports doit être de moitié plus lente que celle des voyageurs.

Du reste, ces calculs n'ont pour objet que de faire voir que, même avec les hypothèses de la Commission, l'on pourrait organiser facilement la locomotion à la remonte des plans inclinés, dressés à 2 *centimètres* par *mètre*; mais l'on n'acceptera pas ici ces résultats, parce qu'ils paraissent reposer sur des bases très-contestables, en ce qui concerne l'appréciation de la perte qu'éprouve la tension dans les machines locomotives; c'est pourquoi l'on va examiner particulièrement cette question.

Pour combattre le *principe* de MM. les *membres* de la *commission*, à cet égard,

---

vaux, ne transportera, sur une pente dressée à 0,005 par mètre, avec la vitesse voulue, de 52 kilomètres et de 16 kilomètres à l'heure, que des convois pesant 12 t. 75 pour les voyageurs, et 25 t. 50 pour les marchandises, quantités que nous réduisons à 12 t. 50 et à 25 tonnes, ce qui fournit, pour le poids des convois, sans la machine, $P = 8$ t. 50 pour les voyageurs, et $P = 21$ t. pour les marchandises.

(1) La tension utile étant de 2 k. 20 sur les 1,808 c. de superficie des pistons, pour qu'elle se réduise à 1 k. 25, il faudrait une superficie de 3.190 c. pour les pistons des deux machines, ou 1,595 c. pour la surface des deux pistons de chaque machine, ou enfin 797 c. pour la base de chaque cylindre; cette surface répond à un cercle de 32 c. de diamètre.

l'on invoquera d'abord l'opinion de la plus grande partie des ingénieurs et des constructeurs de machines à vapeur, qui s'accordent avec M. *Tredgold* pour considérer la perte d'une machine locomotive comme devant être les $^4/_{10}$ au plus de la puissance totale qu'elle peut développer dans sa chaudière.

Puis on citera, pour corroborer cette unanimité d'opinion (qui n'est elle-même que le résultat des expériences connues), l'observation de ce qui se répète presque journellement sur les chemins en fer, avec des machines construites pour une pression de quatre atmosphères et demi ou de 4 kil. 5o par centimètres carrés, lesquelles utilisent beaucoup plus que la moité de cette tension totale des machines.

Ainsi, sur le chemin en fer de Saint-Etienne à Lyon, l'on a vu la *Jackson* marcher pendant *une heure consécutive* sur un plan incliné dressé à 14 millimètres par mètre, en utilisant 2 kil. 9o de pression; puis marcher pendant un parcours tout entier du même chemin en fer avec 2 kil. 5o d'action utile sur chaque centimètre carré de ses pistons.

Journellement encore on voit les machines construites sur le même modèle par MM. Seguin frères, renouveler le même service, à raison aussi de 2 kil. 5o c. de pression utile.

Sur les chemins de l'Angleterre, la *Flèche* et le *Dard*, agissant conjointement, traînent des convois à la remonte des plans de *Whiston* et de *Sutton* (qui ont 2,4oo mètres de longueur et un centimètre de pente par mètre), avec une action utile de 2 kil. 25 par centimètre carré.

Enfin, la *Victoire*, qui utilise journellement jusqu'à 2 kil. 9o et la *Samson*, qui emploie jusqu'à 2 kil. 7o, en traînant d'énormes convois pour lesquelles elles sont construites.

Et cependant si la méthode de calcul de la Commission était juste, l'effort utilisé par ces machines ne devrait pas dépasser 1 kil. 25 par centimètre carré, en supposant que la tension totale avec laquelle elles agissent soit de 4 kil. 5o, ce qui n'avait même pas lieu dans toutes les observations que nous venons de citer.

L'on pourrait encore multiplier considérablement ces exemples en puisant dans les nombreuses expériences qui viennent d'être réunies et publiées par M. de Pambour, et il en résulterait que ce ne sont pas là des faits isolés, accidentels, qui font exception à la règle, mais bien un état inhérent aux machines locomotives, et que l'on peut faire naître à volonté.

D'ailleurs si $\frac{T}{s} + 1$ exprimait la perte qu'éprouve toute machine à vapeur sans condensation lorsqu'elle fonctionne, il faudrait, pour que le mouvement fût possible, que l'on eût toujours $T > \frac{T}{2} + 1$ ou $T > 2$.

D'où il résulterait qu'une machine de ce genre ne pourrait fonctionner qu'avec une tension d'au moins *deux* atmosphères, ce qui est journellement démenti, même par les machines fixes, construites pour agir avec de hautes pressions.

Relativement aux machines locomotives, l'expérience ne manque pas davantage pour contredire la théorie de la Commission, car il a été constaté en Angleterre qu'il suffit que la tension de la vapeur soit élevée à *une atmosphère et un quart* dans la chaudière des machines locomotives, pour que le mouvement se manifeste (1).

Au moyen de ces résultats d'expérience, on peut déterminer les limites dans lesquelles se renferme la perte des machines locomotives pour la tension que la vapeur peut prendre dans la chaudière de ces machines.

En effet, à raison du terme constant que doit contenir l'expression de la perte de la puissance des machines par suite de la pression atmosphérique extérieure, cette valeur doit être de la forme $\left(\frac{T}{x} + 1\right)$ qui lui a été précédemment assignée.

Or, pour qu'il y ait mouvement possible, il est évident qu'il faut que la tension perdue soit plus faible que la tension totale, ou que l'on ait $\left(\frac{T}{x} + 1\right) < T$, d'où l'on tire $x > \frac{T}{T-1}$; mais l'expérience que l'on a citée précédemment apprend que le mouvement se manifeste aussitôt que l'on a $T = 1,25$; on aura donc pour la valeur de x, qui répondra à la plus faible tension que l'on peut employer dans les machines locomotives, $x > 5$, et à la limite $x = 5$.

D'un autre côté, la perte sur la tension de la vapeur augmentée de la tension utilisée, doit être égale à la tension totale dans la chaudière, ou en appelant t la tension utilisée.

$$\frac{T}{x} + 1 + t = T$$

$$\text{d'où} \qquad x = \frac{T}{T - (t + 1)}$$

Or, la plus forte tension utilisée dans les expériences précitées, est de

---

(1) Ouvrage de M. de Pambour.

2 kil. 90, et le *maximum* de tension que peut prendre la vapeur dans ces mêmes machines, est de 4 kil. 50 (1). En faisant à la fois $T = 4$ kil. 50 et $t = 2$ kil. 90 dans la formule précédente, si l'on fait erreur, ce ne pourra être qu'autant que l'on attribuerait ainsi une trop faible valeur à la tension utilisée, pour la tension totale de 4 kil. 50, ou que l'on en attribuerait une trop forte à la tension perdue: or on obtient ainsi $x = 7,50$; donc, pour la tension *maximum* de 4 k. 50, la valeur correspondante de x ne serait jamais moindre que 7 kil. 50.

L'on a donc, d'après l'expérience, pour l'expression de la perte de la tension de la vapeur correspondante à la tension utilisée:

$$\text{La plus faible} \quad \left(\frac{T}{5} + 1 \right)$$

$$\text{La plus forte} \quad \left(\frac{T}{7.5} + 1 \right)$$

Ce qui nous apprend: 1° qu'en exprimant par $\frac{T}{4} + 1$ la perte de la tension de la vapeur, la commission a exagéré toutes les valeurs que cette perte peut prendre dans les chaudières des machines;

2° Que cette perte n'est pas toujours (indépendamment de la pression atmosphérique extérieure) dans un rapport constant avec la tension totale, comme le suppose la Commission; mais bien dans des rapports qui décroissent à mesure que la tension totale augmente, de manière que la perte de la tension, quoique augmentant avec elle, devient relativement de plus en plus faible, et que sous ce rapport il y a avantage à se servir des machines locomotives sous de fortes tensions.

D'après les valeurs des tensions utilisées ou perdues que nous venons de déterminer pour les limites des tensions extrêmes que la vapeur peut recevoir dans les chaudières des machines locomotives, nous avons dressé le tableau suivant, qui indique approximativement les valeurs successives que

---

(1) Remarquons ici que l'on n'obtiendrait l'effet utile obtenu de 2 k. 90, au moyen de la formule de la Commission, qu'en supposant que la tension totale de la vapeur s'élèverait à 7 k. 80, c'est-à-dire à 8 atmosphères au lieu de 4 atmosphères et demie qu'elles peuvent seulement supporter.

prendraient ces tensions dans les différens degrés qui se trouvent placés entre ces limites.

Tableau des tensions corelatives qui se développent dans les machines locomotives agissant depuis 1 k. 25 jusqu'à 4 k. 50 de pression par centimètre carré.

TENSIONS TOTALES.	TENSIONS UTILISÉES.	TENSIONS PERDUES.	VALEURS DE x.
kil.	kil.	kil.	kil.
1 25	» »	1 25	5 »
1 50	» 21	1 29	5 19
1 75	» 42	1 52	5 38
2 »	» 64	1 56	5 58
2 25	» 86	1 39	5 77
2 50	1 08	1 42	5 96
2 75	1 30	1 45	6 16
3 »	1 55	1 47	6 35
3 25	1 76	1 49	6 54
3 50	1 98	1 52	6 73
3 75	2 21	1 54	6 93
4 »	2 44	1 56	7 12
4 25	2 67	1 58	7 31
4 50	2 90	1 60	7 50

Ce tableau donne approximativement la tension totale sous laquelle une machine devra fonctionner lorsqu'on connaîtra la tension utile qui sera nécessaire à sa marche, ce qui sera toujours facile à déterminer *à priori*, au moyen de la formule qui a été précédemment établie.

Cela posé, l'on pourra calculer avec exactitude si une machine locomotive et une machine de renfort réunies suffiront réellement pour établir la locomotion à la remonte des plans inclinés du chemin en fer de Paris à Poissy.

Pour cela il faudra faire dans les formules précitées $p = 8$ *tonnes*, $\pi = 3{,}14$, $r = 0{,}70$, $c = 0{,}40$, $s = 1808$, $n = 0{,}004$, $a = 0{,}02$, et successivement $P = 10$ *tonnes* pour les voyageurs, et $P = 24$ *tonnes* pour les marchandises.

L'on obtiendra ainsi la tension utile, et au moyen du tableau ci-dessus l'on déduira les tensions totales correspondantes qui seront, savoir :

	Tensions utilisées.	Tensions totales.
Relativement aux voyageurs.	1 k. 31	2 k. 76
Relativement aux marchandises.	2 33	3 88

Quantités qui sont toutes inférieures à la tension extrême de 4 kil. 50, ce qui prouve que les convois de marchandises et de voyageurs indistinctement, pourront être remorqués sans difficulté sur les plans inclinés du chemin en fer, avec des machines locomotives et de renfort ordinaires agissant concurremment (1).

Ainsi, soit que l'on adopte les hypothèses de la commission, soit que l'on reconnaisse l'exactitude des données de nos calculs, soit enfin que l'on admette une situation intermédiaire entre ces deux états de la question, l'on ne peut se refuser à reconnaître la possibilité de la locomotion, ce qui résout en notre faveur la première difficulté proposée par la commission (2).

---

(1) Si l'on calcule d'après cette même méthode la tension utile et la tension totale nécessaires à la locomotion des convois, sur les parties ordinaires du chemin en fer, ce qui se fera en posant, $p = 4$ t., $s = 904$, $a = 0,003$. En laissant aux autres quantités leur valeur ci-dessus, on trouve :

	Tensions utiles.	Tensions totales.
1° Pour les voyageurs.	0 k. 59	1 k. 95
2° Pour les marchandises.	1 k. 18	2 k. 60

Ainsi la tension n'aura à s'élever que de 0 k. 81 pour les voyageurs, et de 1 k. 28 pour les marchandises, ou de 11° pour les voyageurs, et de 14° pour les marchandises, afin d'arriver à la tension nécessaire pour le parcours des plans inclinés. Cette élévation de température s'obtiendra facilement en activant le foyer un peu à l'avance, elle s'établira d'ailleurs naturellement sur ces plans eux-mêmes par la diminution de vitesse de la marche des convois, puisque les machines agissant avec 12 chevaux de force, fourniront nécessairement une plus grande tension à la vapeur, lorsqu'elle en consommera une moindre quantité.

(2) Dans un Mémoire publié par M. Navier (Annales des ponts et chaussées, mars et avril 1835), cet ingénieur établit un système de locomotion qui, de son aveu, pourrait transporter avec une seule machine 16 tonnes sur un plan incliné dressé à deux centimètres par mètre.

Deux de ces machines monteraient donc 52 tonnes, ce qui compose justement nos convois de marchandises sur les plans inclinés.

La vitesse de ces transports serait, dans le système de *M. Navier*, de 6 *lieues et demie* à l'heure, ou de 26 kilomètres.

Dans celui dont il s'agit ici, elle ne doit être que de 2 lieues, ou 8 kilomètres. La puissance nominale des machines sera donc moins forte, et c'est ainsi que l'appareil de ces machines pourra être beaucoup moins lourd, ce qui permettra de compter leur poids pour 4 tonnes, au lieu de 8 tonnes; par la même raison les approvisionnemens n'auraient pas besoin d'être aussi considérables, ce qui réduira aussi l'allège de la machine à 3 tonnes, au lieu de 4 tonnes, de telle sorte que l'on pourra comprendre dans les convois 14 tonnes de poids utile, au lieu de 9 tonnes environ que pourraient traîner les deux machines dans le système de M. Navier. Cette observation confirme ce que nous venons de dire, que même en calculant d'après les principes de la Commission, il serait facile

Portons maintenant nos investigations sur la deuxième objection, celle qui est relative à la descente des plans inclinés.

C'est ici surtout que la Commission s'est élevée avec le plus de force contre le système des plans inclinés de notre projet, qu'elle signale comme dangereux à la descente, en prétendant que, sur une pente de *deux* centimètres par mètre, les convois descendans acquerront, par l'impulsion de la pesanteur, une vitesse destructive de tous les transports, et incompatible surtout avec la sûreté des voyageurs (1).

Cette objection serait peut être exacte si nous faisions usage de rails ordinaires pour la descente des plans inclinés, mais nous y avons à l'avance répondu, en disant que nous emploierions, dans la voie en descente des plans inclinés, des *rainures creuses ou ornières en fer*, au lieu des rails saillans qui seront placés sur toutes les autres parties du chemin (2).

Puis nous avons ajouté que nous garnirions le fond de ces rainures de plats-bords en bois.

Enfin, que nous mettrions au besoin, dans les rainures ainsi disposées, de la *terre*, du *sable*, des *gravois pilés*, etc., etc., ou tout autre substance susceptible de se tasser et de présenter de l'analogie avec les chaussées ordinaires.

Cette construction procurera évidemment une garantie complète contre la précipitation des convois, *car l'on sait et l'on voit journellement qu'une pente de deux centimètres par mètre, sur une route ordinaire, ne suffit pas pour faire prendre un mouvement spontané aux voitures qui la parcourent.*

Dès lors, avec cette disposition, la locomotion des convois ne se fera, même en descente, qu'au moyen d'un effort exercé et entretenu par la machine ; la suppression de cet effort suffira donc pour arrêter le mouvement ou le modérer ; par conséquent on restera toujours maître de ce mouvement, et il n'y aura aucune précipitation à craindre avec ce système de construction.

---

d'établir la possibilité de la locomotion sur les plans inclinés du projet de Paris à Poissy.

(1) Nous plaçons ici comme mémoire, que M. Navier, dans son travail inséré dans les Annales, admet sur les chemins en fer un système de locomotion qui comporterait des vitesses de 15 à 20 lieues par heure sur certaines pentes, vitesses qu'il ne paraît pas regarder comme dangereuses.

(2) La profondeur de ces rainures, que l'on augmentera à volonté, contiendra les roues des wagons et les empêchera de dévier de la voie du chemin.

Mais, a-t-on dit encore, le *vent* ou l'*eau* pourront enlever la terre ou le sable dont on veut garnir les rainures.

A cela nous répondrons, qu'au lieu de terre ou de sable, etc., on pourrait employer d'autres subtances qui produiraient le même effet, comme du *beton*, et qui, prenant corps, ne seraient pas susceptibles d'être enlevées par le vent ni par l'eau.

Nous dirons en outre que, lors même que l'on emploierait de la terre, du sable ou d'autre matières de même nature, on aurait peu de chose à craindre du vent ou de la pluie, puisque, au moyen de cantonniers, on pourrait assurer le remplacement immédiat des matières enlevées.

Que d'ailleurs on ne voit pas comment le vent aurait tant de prise sur de la terre comprimée et tassée, comme le serait nécessairement celle que contiendraient les rainures, et qui serait abritée par les parois élevées que nous proposons de leur donner (*Voir* le détail d'exécution à la carte).

Que quant à l'action des eaux de pluie, comme il ne pourrait s'écouler dans chaque ornière que celles qui tomberaient directement à sa surface, puisque les rainures seront placées en saillie sur le sol, comme des rails ordinaires, et n'auront ainsi aucune communication avec les eaux qui s'écouleraient, pendant les temps de pluie, sur les parties avoisinantes de leur emplacement, il y aurait aussi évidemment bien peu d'action à éprouver de leur part.

Que d'ailleurs rien n'empêcherait, si ces deux effets étaient réellement à craindre, et que l'on voulût cependant employer de la terre, du sable, ou toute autre matière pulvérulente, comme moyen d'entrave, d'abriter les rainures contre l'action du vent ou de l'eau; il suffirait en effet, pour les garantir du vent, de border encore la voie en descente de chaque côté par *un châssis ou une haie à hauteur d'appui;* et pour soustraire les rainures à l'action de la pluie, il n'y aurait qu'à les recouvrir *d'une toiture* qui formerait une espèce de *galerie à jour*, ce qui s'exécuterait sans-des frais bien considérables.

D'ailleurs, au pis aller, si la terre était enlevée accidentellement, qu'en résulterait-il? que les convois marcheraient dans les rainures sur des plats-bords en bois; et il s'agirait de savoir quelles seraient les circonstances qui accompagneraient alors cette locomotion.

Or, on démontrera, dans le chapitre suivant, que dans ce cas lui-même il ne pourra exister aucune espèce d'inconvénient ni de danger pour la locomotion sur le chemin en fer.

Afin de parvenir à cette démonstration, on se servira des équations du mouvement établies par la Commission elle-même, pour apprécier les effets mécaniques de la locomotion sur les chemins en fer (1), en sorte que le point théorique ne pourra faire ici difficulté, et ce sera seulement aux données expérimentales dont on a fait usage dans ce Mémoire, et qui se combinent dans les équations de cette théorie, qu'il faudra attribuer les différences qui existeront entre les résultats de la Commission et ceux auxquels on est parvenu.

Or, à cet égard, nous avons puisé les bases expérimentales de nos calculs aux sources les plus respectables et les plus récemment établies, et particulièrement dans l'ouvrage qui vient d'être publié par M. le chevalier *F. M. Guyonneau de Pambour*, ouvrage qui présente la collection la plus complète de toutes les observations expérimentales relatives aux machines locomotives et généralement à tout ce qui se rapporte à la construction des chemins en fer.

L'on ne pense donc pas qu'il soit possible de contester nos résultats; en vain voudrait-on s'appuyer pour cela sur les différences qui existent entre quelques unes des données que nous avons employées, et les bases qui ont été fixées, *il y a trois ou quatre ans*, par le Conseil général des ponts et chaussées, pour servir de règle aux ingénieurs qui furent alors chargés par l'administration de se livrer à l'étude des grandes lignes de chemin en fer de la France.

On sait, en effet, que ces limites, qui étaient admises à l'époque où elles

---

(1) Ces équations sont, en appelant U la vitesse acquise au commencement du mouvement que l'on considère, u la vitesse à la fin du mouvement, et e l'espace parcouru pendant le temps écoulé entre ces deux vitesses :

$$e = \frac{u^2 - U^2}{2\,M}$$

En faisant :

$$M = \frac{9,33\,X}{(P + p)}$$

$(P + p)$ étant le poids total du convoi, et X la somme des actions tant positives que négatives, qui agissent à la jante des roues des chariots locomoteurs pour modifier le mouvement des convois.

furent recommandées par le Conseil, ont été modifiées depuis par suite des
perfectionnemens successifs qui ont été apportés dans la construction des
chemins en fer et de leurs véhicules, et ce n'est pas une raison, parce que
quelques projets ont été établis sur ces anciennes données, pour que l'on repousse les nouveaux principes que l'expérience a sanctionnés depuis cette
époque.

Le Conseil a déjà su modifier quelques unes de ses premières décisions,
pour les mettre en harmonie avec les progrès de la science ; il saura compléter son œuvre, et la publication de l'ouvrage de M. de Pambour, à défaut
des renseignemens que les ingénieurs français ont été recueillir en Angleterre,
et dont la publication est vainement attendue depuis si long-temps, hâtera
sans doute ce moment si désirable , qui doit enfin placer la France au niveau
des pays qui l'avoisinent, sous le rapport de la connaissance de vrais principes qui régissent maintenant l'industrie des chemins en fer.

CHAPITRE VIII.

RÉSULTATS DE LA LOCOMOTION SUR LES PLANS INCLINÉS DU CHEMIN EN FER DE PARIS A POISSY.

(Nota. Nous ne nous occuperons pas de la locomotion sur les parties ordinaires du chemin en fer de Paris à Poissy qui ne présentent que des dispositions habituelles avec lesquelles la marche des convois est connue.)

LOCOMOTION DES VOYAGEURS. — *Remonte des plans inclinés.* — Machines locomotives et de renfort suffisantes. — Résistance du convoi. — Vitesse en montant. — Adhérence suffisante. — Arrêt en remontant le plan. — Stationnement. — Départ à partir du repos. — Restitution de la vitesse. — Effet de la vitesse acquise. — Résumé des circonstances de la remonte. — *Descente des plans inclinés* — Calculs pour le cas le plus défavorable au système de locomotion. — Force accélératrice. — Résistance. — Effort à faire pour régulariser la vitesse. — Effort à faire pour arrêter le convoi. — Influence de l'espace et de la vitesse sur cet effort. — Effort à faire pour rendre le convoi stationnaire. — Reprise du mouvement. — Espace à parcourir pour regagner la vitesse. — Résumé des circonstances de la descente. — LOCOMOTION DES MARCHANDISES. — *En remontant les plans inclinés.* — *En descendant ces plans.* — (Nota. Les mêmes questions sont résolues et dans le même ordre pour les marchandises que pour les voyageurs.)

§ Ier. Locomotion des convois de voyageurs.

1º Remonte des plans inclinés.

L'on a déjà fait voir, dans le chapitre précédent, qu'il sera toujours possible, avec des *machines locomotives* et de *renfort* ordinaires, de faire remonter des *plans inclinés* dressés à raison de deux *centimètres* par *mètre*, à des convois de voyageurs de 10 *tonnes* (non compris le poids des machines), puisqu'il ne faudrait employer pour ces convois qu'une tension de 2 kil. 74 par centimètre carré dans les chaudières des deux machines.

La réunion de ces deux machines présentera 24 *chevaux de force*, c'est-à-dire qu'elles seront capables de transporter ensemble un poids de 6,576 kil. à 1 *kilomètre* de distance par *heure*. Le convoi pèsera avec elles 18 *tonnes*, et sa résistance sera aux roues des machines de $18,000 \times 0,024 = 432$ kil.

La vitesse de ces convois, en remontant les plans inclinés, sera donc de $\frac{6576}{432} = 15$ kilomètres par heure.

La résistance aux roues étant, comme nous venons de le dire, de 432 kil. et devant être surmontée par *deux machines* pesant 4,000 kil. chacune, l'*adhérence* n'aura à se développer pendant la locomotion que pour $\frac{5}{20}$ environ du poids des machines, ce qui assurera, sous ce rapport et dans toutes les circonstances possibles (1), la marche des convois.

Examinons le cas où un convoi de voyageurs, remontant un plan incliné avec la vitesse de 15 *kilomètres* à l'heure, devrait s'arrêter sur ce plan.

Pour cela il faudra supprimer l'action des machines, en interceptant le passage de la vapeur dans les cylindres, et l'on résistera à la continuation du mouvement :

1° Au moyen de l'action de la pesanteur et de la résistance du convoi;

2° Au moyen de la résistance du mécanisme des deux machines transmise par les bielles des roues.

La première valeur serait égale à 432 kil.;

La seconde serait celle de la marche à blanc, qui, dans notre système, exige 0,25 de pression par centimètre carré de la surface des pistons, ce qui donnerait 451 kil. sur les pistons même. En ramenant cette résistance aux roues, on la trouvera de $\frac{451 \times 0,80}{4,40} = 82$ kil.; la résistance totale sera donc de

---

(1) C'est au 20ᵉ que jusqu'à présent on a compté le coefficient de l'adhérence; mais une foule d'observations sur les chemins en fer en activité prouvent que ce coefficient s'élève quelquefois jusqu'au 6ᵉ du poids des machines, que généralement il se maintient entre le 10ᵉ et le 15ᵉ, et que ce n'est que dans des circonstances tout-à-fait exceptionnelles, comme celles où les *rails* du chemin et les *jantes* des *roues* sont enduits par les huiles ou les graisses que l'on emploie pour les *wagons*, que ce coefficient se rapproche du 20ᵉ du poids de la machine, de manière qu'en le comptant pour $\frac{1}{15}$, on peut être sûr de n'éprouver que très-accidentellement des difficultés à la locomotion sous ce rapport (voir le Mémoire de M. Arnollet, ingénieur en chef, sur la locomotion des chemins en fer, et l'ouvrage de M. de Pambour).

5i4 kil. et l'on aura, dans les équations du mouvement $X = -5$i4 kil. d'où $M = -0,$27.

Pour avoir l'espace que parcourrait le convoi avant de s'arrêter, il faudra, dans l'expression

$$e = \frac{u^2 - U^2}{2\,M}$$

faire $u = 0$, $U = 4^{\mathrm{m}}$i6 (vitesse par seconde correspondante à i5 kil. à l'heure), et $M = -0,$27, il vient ainsi :

$$c = \frac{-\ 17.31}{-\ 0.54} = 32^{\mathrm{m}}$$

en sorte que, en suspendant l'action des machines, le convoi s'arrêtera sur 32 *mètres* de distance, ou en i5 secondes environ de temps (i).

Le convoi une fois arrêté, il faut examiner comment il se comportera sur le plan incliné.

Dans ce cas, la pesanteur tendra à le faire rétrograder avec une puissance de $18{,}000 \times 0{,}02 = 36$o kil.

Mais il sera retenu d'abord par sa résistance propre, qui sera de $18{,}000 \times 0{,}004 = 72$ kil.

Et ensuite par la résistance des machines locomotives; or, ici, il n'y aura nul inconvénient à fermer la communication du cylindre avec l'atmosphère extérieure, ce qui obligerait les pistons à faire le vide dans les cylindres s'ils marchaient.

De cette manière les machines résisteront en raison de i kil. 25 par centimètre carré des pistons, ou en raison d'une pression de 2,260 kil. sur ces pistons.

Cette résistance, reportée aux roues, sera de $\dfrac{2{,}260 \times 0{,}80}{4{,}40} = 4$ii kil. Ainsi la

---

(i) Dans le *système de la Commission*, le convoi s'arrêterait plus promptement encore : car la marche à blanc exigerait alors i kilog. de pression, en sorte que la résistance des machines serait d'abord quatre fois plus considérable que nous ne le supposons : d'un autre côté, le coefficient du frottement étant de 0,005, la résistance du convoi serait aussi plus forte que nous ne l'admettons; par conséquent le convoi serait plus promptement arrêté.

force accélératrice sera de 36o kil. et la résistance totale au mouvement pourra s'élever à 483 kil.; il est donc évident que les convois resteront stationnaires d'eux-mêmes sur le *plan incliné*, et ne pourront prendre aucun mouvement rétrograde spontané, ce qui est indispensable pour les convois de voyageurs (1).

Enfin, le convoi étant arrêté, il pourra paraître utile de calculer combien de temps il mettra pour regagner, sur le plan incliné, sa vitesse habituelle de 15 *kilomètres* à l'heure, ou 4^m16^e par seconde.

Pour cela il faut remarquer que ce qui s'opposera au mouvement, ce sera la résistance propre du convoi et sa pesanteur, ce que nous avons trouvé précédemment égal à 432 kil.

Que ce qui déterminera le mouvement, ce sera l'action utile moyenne que pourront transmettre les pistons des machines en agissant d'abord à la tension extrême de 4 kil. 5o par centimètre carré (2); et en réduisant cette tension à l'état normal correspondant à la marche sur le plan incliné, celle de 2 kil. 77 par centimètre carré.

Avec 4 kil. 5o de tension totale, la tension utilisée est de. .	2 kil.	74
Avec 2 kil. 77 elle est de.	1	3i
Total.	4	o5
Tension moyenne par centimètre carré.	2	o2

L'action utilisé de la machine sur les pistons sera donc moyennement de 2 kil. o2 $\times$ 18o8 $=$ 3652 k. Cette action, transportée aux jantes des roues, sera de $\dfrac{3,652 \times 0,8o}{4,4o} = $ 663 kil. On aura donc:

$$X = 663 - 432 = 231 \text{ kil.}$$

$$\text{d'où } M = 0,06\gamma,$$

puisque l'on part du repos, l'on doit avoir $U = 0$, et il vient pour gagner la vitesse de 15 *kilomètres* à l'heure, ou de 4^m16^e par seconde.

---

(1) Cet effet aurait lieu à plus forte raison encore en calculant comme *la Commission*, puisque les résistances du convoi et des machines seraient plus élevées comme nous venons de le dire.

(2) Cette tension se formera naturellement pendant le repos du convoi.

$$e = \frac{17.31}{0.134} = 130^{\text{m}}$$

La vitesse moyenne de ce parcours serait de 7,500 *mètres* à l'heure, en sorte que c'est au bout d'*une minute trois secondes* que le convoi regagnerait sa vitesse uniforme ordinaire.

Enfin les convois de voyageurs devant marcher à raison de 32 *kilomètres à l'heure*, sur les parties ordinaires du chemin en fer, aborderont les plans inclinés avec cette vitesse ; ce qui devra avoir une certaine influence sur le convoi, et accélérer sa marche dans la partie inférieure de ce *plan incliné*.

Dans ce cas, le convoi abordera le pied du plan incliné, en utilisant une pression de la vapeur que nous avons trouvée de 0 kil. 59 par centimètre carré.

Sur le plan incliné, la résistance augmentant, la pression utilisée augmentera aussi, et nous avons vu en effet que celle qui répond à la vitesse uniforme de 15 *kilomètres* à l'heure sur ce plan, serait de 1 kil. 31 par centimètre carré.

Cependant, soit sur la partie ordinaire du chemin en fer, soit sur la portion inclinée, les machines agiront en consommant une quantité de vapeur relative à 12 *chevaux de force* ; si la vapeur doit avoir plus de tension sur le plan incliné, elle sera donc produite en moindre quantité, avec cette tension, et la vitesse diminuera.

D'après cela, on connaîtra l'espace sur lequel la vitesse acquise agira pendant la marche du convoi, en cherchant celui pendant lequel la vitesse de la *machine locomotive* et de la *machine de renfort* se réduirait, de 32 *kilom.* à l'heure, à celle de 15 *kilomètres*, aussi à l'heure, si ces machines agissaient sur le plan incliné avec un effort constant et moyen entre l'action utilisée correspondante aux parties ordinaires du chemin, et à celle qui est nécessaire pour la marche du convoi sur le plan incliné dans son état normal, c'est-à-dire avec une tension moyenne de 0 kil. 95.

Or, sur le plan incliné, la résistance au mouvement est de 432 kil.

Et la puissance des pistons sera, avec la tension moyenne, de 1808 $\times$ 0 kil. 95 $= 1717$ kil.

Rapportant cette puissance aux roues de la machine, on a, pour la résistance : $\dfrac{1717 \times 0.80}{4.40} = 312$,

Et il vient $X = -120$, d'où $M = -0,035$.

Faisant $U = 8^m,88$, et $u = 4^m,16$, ce qui donne :

$$u^2 - U^2 = -\ 61.54 ; \text{ on a :}$$

$$c = \frac{-61.54}{-0,07} = 879 \text{ mètres.}$$

Ainsi, sur 879 *mètres* de longueur, les convois seraient sollicités par la vitesse acquise, en sorte que cette distance serait parcourue avec une vitesse moyenne de 23 *kilomètres* $\frac{1}{2}$ *à l'heure*, c'est-à-dire en 2 *minutes* 15 *secondes* de temps.

Il résulte de tous ces calculs relatifs à la remonte des convois de voyageurs sur les *plans inclinés* dressés à 2 *centimètres* par mètre, que l'on propose d'employer sur le chemin en fer de *Paris* à *Poissy*.

1° Que les convois étant animés d'une vitesse de 32 kilomètres à l'heure sur les parties ordinaires du chemin en fer, parcourront les 880 premiers mètres des plans inclinés, avec une vitesse moyenne de 23 *kilomètres* $\frac{1}{2}$ *à l'heure*, et le surplus de ces plans inclinés, avec une vitesse de 15 *kilomètres à l'heure* seulement ;

2° Que l'on pourra toujours arrêter les convois sur les plans inclinés de ce chemin en fer, en supprimant l'action des machines, et en agissant ainsi sur 32 *mètres de longueur*, ou pendant 15 *secondes* de temps ;

3° Que chaque convoi arrêté se maintiendra de lui-même sur le plan incliné du chemin en fer, sans pouvoir prendre un mouvement rétrograde spontané ;

4° Enfin, qu'après un temps d'arrêt, le convoi pourra reprendre sa marche avec l'action seulement de sa machine, et qu'il regagnera sa vitesse normale sur le plan incliné du chemin en fer, celle de 15 kilomètres à l'heure, en parcourant 130 mètres de distance, ou en *une minute* et *deux secondes* de temps ;

Circonstances qui sont toutes très-favorables à la locomotion.

Examinons maintenant les circonstances analogues de la marche des convois de voyageurs à la descente des plans inclinés.

2° Descente des plans inclinés.

Nous rappellerons d'abord que le système de construction que nous adaptons à la *voie en descente des plans inclinés*, se compose de *rainures creuses* ou *ornières en fer*, garnies dans le fond de *fourrures en bois*, et en partie remplies de *terre*, *sable*, *beton*, etc., matières sur lesquelles des voitures ne peuvent prendre un mouvement spontané sous une inclinaison de 2 *centimètres* par mètre. En sorte que, loin qu'il y ait à craindre une précipitation des convois en descendant la voie des plans inclinés ainsi disposés, il faudra sans doute, au contraire, agir avec la machine locomotive pour entretenir le mouvement ; tellement qu'en cessant cette action on arrêtera nécessairement le convoi.

En admettant, comme nous allons le faire, que la garniture de terre, de sable, de beton, etc., soit enlevée de la rainure, de manière que la locomotion s'opère à nu sur les fourrures en bois qui garniront le fond de ces rainures, nous examinerons donc une circonstance tout-à-fait fortuite, et en même temps la plus désavantageuse possible à notre système de construction :

Cela posé, supposons un convoi de voyageurs lancé avec une vitesse de 8 *lieues à l'heure* sur la partie ordinaire du chemin en fer qui précède le plan incliné, et abordant ce plan pour le descendre avec cette même vitesse.

En marchant sur les fourrures en bois des rainures, le coefficient de la résistance s'accroîtra et deviendra égal à $0,012$ (1) ; et comme le convoi n'aura qu'une machine dans ce sens, ce qui le réduira à 14 *tonnes* de poids, la résistance propre du convoi sera de 168 kil.

D'un autre côté, la machine résistera avec son mécanisme, à raison de la tension nécessaire à la marche à blanc de 0 kil. 25 par centimètre carré de la surface des pistons, ce qui produira aux roues de la machine une nouvelle résistance de 41 kil.

La résistance totale sera donc de 209 kil.

Et comme la force accélératrice sera de $14,000 \times 0,02$ c. $= 280$ kil. elle l'emportera sur la résistance de 71 kil. de manière que ce sera à cette

---

(1) Des expériences faites pour apprécier la valeur que prendrait le coefficient du deuxième ordre, entre une jante en fer dépoli comme le rebord des wagons, et une surface rugueuse en bois tendre et humide comme celui qui sera dans les ornières, ont fourni des résultats qui s'étendent de $0^m,008$ à $0^m,01$ du poids, en y ajoutant la valeur du frottement dans les collets des essieux, qui est de $0^m,003$, le coefficient de la résistance sera de 0,012 millièmes.

dernière puissance seulement que sera due l'accélération de mouvement que prendrait alors le convoi, livré à lui-même, en descendant le plan incliné (1).

D'après cela, pour obtenir une vitesse uniforme sur ce plan incliné, il suffirait de faire naître une nouvelle résistance de 71 kil. en tout à la surface des roues, ce qui se fera avec un très-faible effort exercé sur les *freins* (2), sans danger pour ces freins eux-mêmes, et sans aucun inconvénient pour les roues.

Puisqu'il faut déjà créer une résistance pour s'opposer à l'accélération

---

(1) Il est à remarquer ici que si l'on suivait les principes de la Commission des ponts et chaussées, sur la perte de puissance des machines locomotives, il y aurait à compter 1 k. pour la résistance de la marche à blanc.

Cette partie de la résistance rapportée aux roues serait donc de 164 k.

La résistance totale serait alors 332 k. ; et comme la force accélératrice ne serait que de 280 k., loin qu'il y eût accélération en abandonnant le convoi à lui-même sur le plan incliné, il y aurait nécessité au contraire, *dans cette hypothèse*, d'agir avec la machine pour entretenir la vitesse.

Ainsi la condition de la locomotion en descendant les plans inclinés du chemin en fer serait encore bien plus avantageuse avec le système de la Commission qu'avec celui dont nous nous servons.

Nous ferons remarquer en outre que si l'on s'abandonnait à l'impulsion de la force accélératrice de 71 k., sur le plan incliné le plus long du projet, qui a 5,700 mètres de longueur, en l'abordant avec une vitesse de *huit lieues* à l'heure, le convoi arriverait au pied de ce plan incliné avec une vitesse qui n'excéderait pas 20 mètres par seconde.

En effet, en faisant $X = 71$ k., on trouve $M = 473$, et en faisant dans l'équation $c = \dfrac{u^2 - U^2}{\frac{7}{4}M}$, $c = 5,700$ mètres, $U = 8,88$, il vient $u = 20$ mètres.

Or, nous avons déjà fait observer que M. Navier admet la possibilité de se servir sans danger de vitesses de cette nature à la descente des inclinaisons de 6 millim. par mètre : nous pouvons donc conclure de là que lors même que l'on regarderait comme possible la rupture de tous les freins, il n'y aurait pas encore de danger réel à courir pour les transports des voyageurs.

(2) En construisant les tampons des freins en bois, le frottement sera égal aux 0,66 de la pression. Ainsi, pour exercer une résistance de 71 k., il suffira d'une pression de 106 k. ; cette pression, exercée par deux freins seulement, serait de 53 k. sur chacun d'eux et au moyen de leviers au 1/8, il suffira d'un effort de 7 k. au plus à chaque frein pour obtenir l'effet nécessaire pour régulariser la marche du convoi.

Comme l'adhérence des roues est au moins égale à la moitié du poids de la voiture à laquelle les freins seront attachés lorsqu'elle marchera sur les fourrures en bois des rainures, la pression de 71 k. s'exercera sur ces roues sans les empêcher de tourner et sans les déformer. Cette pression sera d'ailleurs évidemment trop faible aussi pour altérer la solidité des freins et occasioner leur rupture.

de la marche du convoi, il en faudra évidemment une plus forte encore pour arrêter le convoi tout-à-fait ; on calculera cet excédant de résistance en le représentant par x, et en posant $X = -x$, d'où $M = \dfrac{-9,33\ x}{14,000} = -0,00066.x$.

Faisant d'ailleurs $u = 0$, et $U = 8^{m},88$ (vitesse par seconde correspondant à 32 kil. à l'heure), il vient :

$$e = \frac{-78,85}{-0,00132.x} = \frac{5973\frac{1}{4}}{x} \text{ ou } x = \frac{5934}{e}$$

Ainsi, pour arrêter le convoi (animé d'une vitesse de huit lieues à l'heure) sur 100 mètre de distance, il faudrait ajouter à l'effort continu des freins celui de 597 kil.; sur 200 mètres, celui de 298 kil.; sur 300 mètres, celui de 199 kil.; sur 400 mètres, ce lui de 149 kil.; sur 500 mètres, celui de 199 kil., etc.; enfin, sur 1,000 mètres, un effort de 60 kil. seulement (1).

Il est évident, d'après cela, qu'en s'y prenant un peu à l'avance, et en agissant sur un nombre plus ou moins grand de freins, afin que la pression de chacun d'eux soit assez faible pour ne compromettre ni leur solidité ni la conservation des roues sur lesquelles ils agiront, il sera toujours facile d'arrêter les convois qui descendront la pente des plans inclinés avec une vitesse de 8 *lieues* ou 32 *kilomètres* à l'heure (2).

Le convoi une fois arrêté, pour le maintenir stationnaire sur le plan incliné il suffira de continuer l'action régulatrice des freins, celle de 71 kil.; on pourra même cesser cette action en fermant les communications des cylindres avec l'atmosphère extérieure, parce qu'alors la résistance de la machine recevra une nouvelle force qui s'élèvera de 164 kil., quantité plus que suffisante pour fixer le convoi, puisque l'action de la force accélératrice libre ne dépasse la résistance des convois que de 71 kil. (3).

---

(1) Il n'est pas inutile de remarquer que ce n'est que très-accidentellement que l'on pourra avoir besoin de s'arrêter sur la longueur du plan incliné, tant à la remonte qu'à la descente.

(2) Si l'on voulait modérer la vitesse à la descente du plan incliné, on obtiendrait des résultats beaucoup moins élevés. Ainsi, si l'on se bornait en descendant à une vitesse de 16 kilomètres à l'heure seulement, il ne faudrait employer que le *quart* de ces efforts pour arrêter les convois, c'est-à-dire qu'en augmentant la résistance des freins de 149 k., on fixerait les convois sur 200 mètres de longueur, et qu'il suffirait d'une augmentation de 15 k. seulement pour les arrêter au bout de 1,000 mètres de distance.

(3) Il résulte évidemment des observations que nous avons faites ci-dessus, qu'il n'y

Enfin, pour remettre le convoi en marche, il suffirait de l'abandonner à lui-même, en ouvrant de nouveau les communications dont nous venons de parler, ou en cessant l'action régulatrice des freins.

Le mouvement se déterminerait alors en vertu de la force accélératrice de 71 *kil.* et il serait facile de calculer quelle distance le convoi devrait parcourir, à partir du point de départ, pour regagner la vitesse habituelle de 8 lieues à l'heure, c'est-à-dire au bout de quel temps il faudrait rétablir l'action régulatrice des freins pour conserver l'uniformité de la marche du convoi. En faisant en effet $X = 71$, ce qui donne $M = 0,047$; faisant encore $u = 8,88$ et $U = 0$, il vient :

$$e = \frac{78,85}{0,094} = 839 \text{ mètres.}$$

Et comme la vitesse moyenne serait de 4 *lieues* ou 16 *kilomètres* à l'heure, cet espace serait parcouru en *trois minutes et huit secondes.*

Il résulte de ces calculs, qu'en descendant les plans inclinés dans les rainures, supposées accidentellement vides de terre, de sable, de beton, etc., on pourra :

1° Conserver aux convois de voyageurs la vitesse uniforme avec laquelle ils aborderont ce plan incliné, en exerçant avec les freins une résistance très-minime de 71 *kil.*, qui ne compromettra, dans aucun cas, ni la solidité des freins, ni la conservation des roues ;

2° Que l'on pourra arrêter tout-à-fait le convoi, en ajoutant à cette première action des freins un nouvel effort, qui sera d'autant plus faible, que l'on s'y prendra plus à l'avance et que la vitesse du convoi sera moins rapide, en sorte qu'il sera toujours possible de renfermer ce nouvel effort dans des limites qui ne puissent altérer la solidité des freins;

3° Que le convoi une fois arrêté, restera de lui-même stationnaire sur le plan incliné, au moyen de la résistance seulement de la machine;

4° Que pour lui rendre son mouvement il suffira de supprimer cette résistance, et de l'abandonner à lui-même et à l'action de la force accélératrice

---

aurait besoin d'aucune espèce d'action pour fixer le convoi sur le plan incliné, si l'on calculait d'après les principes de la Commission des ponts et chaussées, puisque la résistance l'emporterait sur la force accélératrice.

qui lui restituera sa vitesse habituelle de 8 *lieues* à l'heure, au bout de 839 *mètres* de parcours ou de *trois minutes et huit secondes* de temps, après lequel il suffira d'exercer l'action régulatrice des freins pour donner au convoi une marche uniforme ;

5° Enfin que l'action des freins, soit pour régulariser la vitesse, soit pour arrêter le convoi, soit pour le maintenir stationnaire sur le plan incliné, deviendrait même tout-à-fait inutile si l'on calculait les effets de la locomotion d'après les principes de la Commission des ponts et chaussées.

Il n'y a certainement rien parmi ces circonstances qui puisse faire craindre l'ombre d'un danger avec le système de locomotion que nous venons d'examiner ; rien, par conséquent, qui puisse autoriser à repousser ce système de transport pour les voyageurs, surtout si l'on envisage, comme nous en avons fait la remarque expresse, que ces résultats, tout rassurans qu'ils sont pour la descente, ne se présenteront cependant que très-accidentellement, la circonstance à laquelle ils appartiennent devant presque toujours être remplacée par une autre avec laquelle on ne peut avoir aucune crainte, puisqu'elle aura une analogie complète avec celle de la locomotion qui s'opère journellement sur les routes ordinaires.

§ II. Locomotion des convois de marchandises.

1° Remonte des plans inclinés.

Nous avons prouvé que pour faire remonter des *plans inclinés* dressés à 2 *centimètres* par *mètre*, à des convois de 24 *tonnes* (non compris le poids des machines), il ne faudrait exercer qu'une tension de 4 *kil.* par centimètre carré, dans la chaudière des *machines locomotive* et de *renfort*.

La réunion des deux machines présentera vingt-quatre chevaux de force, et sera capable d'un effort de 6,576 *kil. à 1 kilomètre de distance par heure.*

Le convoi de marchandises pèsera, avec elles, 32 *tonnes*, et la résistance des convois sera de $32,000 \times 0,024 = 768$ kil.

La vitesse de ces convois, en remontant les plans inclinés, sera donc de $\frac{6576}{768} = 8,50$ kilomètres par heure.

La résistance aux roues étant, comme nous venons de le dire, de 768 kil. et devant être surmontée par deux machines pesant 4,000 kil. l'adhérence aurait à se développer, pendant sa locomotion, pour $\frac{1}{4}$ environ du poids des machines, ce qui pourrait faire obstacle à la marche des convois (1), puisque l'adhérence est souvent inférieure à ce rapport.

Pour remédier à cet inconvénient, on pourrait augmenter le poids des machines employées au transport des marchandises; et le calcul indique en effet qu'en comptant pour 0,066 ou $\frac{1}{15}$ le coefficient de l'adhérence, il suffirait que les machines eussent ensembles un poid de 13 à 14 tonnes pour qu'elles convinssent, sous ce rapport, à la locomotion (2).

En donnant donc 7 tonnes de poids à chaque machine locomotive et de renfort des marchandises, on satisferait à cette condition.

Mais la spécialité des machines pouvant être un obstacle à la facilité du service du chemin en fer, nous avons pensé que, pour diminuer cette difficulté, on pourrait se servir des machines *ordinaires* pour machines *locomotive* ou de *renfort* des marchandises, et donner 9 à 10 *tonnes* de poids aux machines de *renfort* ou *locomotive* que l'on emploierait concurremment avec elles.

L'usage de ces machines *spéciales*, comme machines *locomotives*, occasionerait une nouvelle difficulté, en exigeant d'abord de transporter un poids inutile sur la plus grande partie du chemin, ce qui augmenterait les frais de traction, et en obligeant en outre à employer des rails beaucoup plus forts sur toute la longueur du chemin, et par conséquent à faire une plus grande dépense pour sa construction.

On diminuerait ces inconvéniens en ne faisant usage des *machines spéciales* que comme machines *de renfort*, afin de n'avoir à porter l'excédant de dépense que sur la longueur des plans inclinés.

Mais alors la nécessité de choisir les machines de renfort selon la nature des convois qui se présenteraient, pourrait occasioner beaucoup d'embarras et d'encombrement au départ de ces machines.

Enfin ces machines ne suffiraient, comme on l'a dit plus haut, qu'autant que la valeur de l'adhérence se maintiendrait au-dessus du quinzième du poids des machines; or nous avons dit que dans des circonstances particulières elle peut être inférieure à cette valeur : alors la locomotion s'arrêterait, ce qui nuirait à la circulation du chemin en entravant la marche des convois;

---

(1) Voir la note de la page 69.
(2) On aurait alors $(P + p)(n + a) = m\,p$. en faisant $P = 24{,}000$ $n = 0{,}004$, $a = 0{,}02$, $m = 0{,}066$; on a $p = 13{,}71$.

c'est pourquoi l'on a adopté un *système* de *construction* qui permettra, avec une *modification très-simple* dans les *machines locomotives* des marchandises seulement, de conserver à toutes les machines leur poids habituel de *4 tonnes*, et de n'employer, comme machine *de renfort*, que des *machines ordinaires*.

Pour cela, on propose d'introduire dans la *construction du chemin en fer* des *modifications* qui auront pour objet d'augmenter *l'adhérence des roues des machines*, ce que l'on fera en ajoutant aux rails des *doubles bandes*, et aux roues des *doubles jantes*, construites avec des matières qui développent entre elles un *frottement* plus considérable que le fer dont se composent les *rails* et les *jantes ordinaires*.

Or, parmi toutes les substances que l'on peut employer pour obtenir ce résultat, on distingue le *bois* et le *cuir*, qui présentent, avec le fer, un frottement plus considérable que celui-ci contre lui-même, puisqu'il est équivalent aux *soixante centièmes* de la pression (1).

En faisant donc entrer l'une ou l'autre de ces deux matières dans la composition des *doubles bandes* des *rails* sur les *plans inclinés* du chemin en fer, et en les disposant de manière qu'à la remonte de ces plans inclinés *les roues* des machines locomotives aient à se développer sur ces nouveaux *rails*, on aura la certitude d'obtenir une adhérence convenable pour le résultat qu'on veut atteindre.

Des deux bandes dont se composeront les rails des plans inclinés, l'une continuera la voie ordinaire du chemin, et l'autre, placée un peu au-dessous de la première, sera suivie par les chariots locomoteurs (*Voir* les détails de cette construction à la carte générale).

La première de ces deux bandes sera en fer, comme à l'ordinaire, mais l'autre sera construite soit en bois, soit en fer, et, dans ce dernier cas, elle sera *profondément guillochée*, et recouverte par une *forte fourrure en cuir*.

Pour utiliser ces doubles bandes, l'on se servira des rebords des *roues* des machines, pour cela, on les disposera de manière qu'ils forment *jantes* dans les plans inclinés, en portant seuls sur la *double bande des rails*.

Par cette disposition, sans rien changer à la situation ordinaire des con-

---

(1) Ce résultat est tiré des dernières expériences faites par **M.** le capitaine Morin, sur les frottemens des substances qui entrent dans la composition des machines.

vois, pour ce qui concerne les *wagons* et les *machines de renfort*, on fera passer les machines locomotives (sans solution de continuité dans le mouvement) de la voie ordinaire des rails sur une voie nouvelle qui leur sera spéciale en remontant les plans inclinés, et où se développera une *adhérence* relative à celle qui a lieu entre le *fer* et le *bois* ou le *cuir*, et qui s'élève, comme nous l'avons dit ci-dessus, aux six centièmes de la pression.

Enfin, pour éviter toute incertitude sur l'action de ce frottement, et particulièrement pour se mettre à l'abri de l'effet que pourrait produire de l'*huile* ou tout autre *enduit* qui tomberait accidentellement sur la *double bande des rails*, ou qui atteindrait les *doubles jantes* (ce qui diminuerait de beaucoup l'adhérence), on *guillochera* la surface extérieure de la double jante de la roue, ainsi que la plate-forme de la double bande du rail (si elle est construite en fer), ce qui donnera au frottement, soit sur le *bois*, soit sur le *cuir*, une énergie indépendante de la présence de toute espèce d'enduit, et qui s'élèvera, dans les circonstances les plus défavorables, ainsi que le prouve l'expérience, à plus des *trois quarts* de la pression qui le ferait naître.

Dans ce cas, la *fourrure en cuir* ne serait d'aucune utilité pour le frottement, car les *deux surfaces guillochées* des jantes et de la double bande étant en contact, agiraient comme un *engrenage*, et ne permettraient aucun glissement.

Le déplacement ou la destruction de la fourrure en cuir n'aurait donc aucun résultat sur la locomotion; aussi cette fourrure ne serait-elle alors employée que pour éviter le contact des surfaces guillochées, qui ne tarderaient pas à se polir, si la locomotion avait lieu directement entre elles.

C'est ainsi que, sans augmenter en rien le poids ordinaire des machines et sans altérer leur uniformité, on leur procurera l'*adhérence* qui sera nécessaire pour remonter les convois de marchandises sur des *plans inclinés dressés à 2 centimètres par mètre.*

Et, en effet, comme l'*adhérence* des deux machines réunies s'élèvera alors à plus de 3,000 *kil.* puisque ce chiffre représentera l'*adhérence* seulement de la machine à double jante, on voit que, sous ce rapport, les machines, ainsi disposées, suffiront toujours pour la locomotion des marchandises.

Au moyen de ce nouvel arrangement, il n'y aura plus de difficultés à craindre pour la locomotion des marchandises, ainsi que l'on va le démontrer en appréciant toutes les circonstances qui pourront accompagner cette locomotion, comme on l'a fait précédemment pour le transport des personnes.

Dans ce cas, la résistance du convoi sera aux roues de la machine :

1° Pour la partie qui portera sur les rails ordinaires :

$$28{,}000 \times 0{,}024 = 672 \text{ kil.}$$

2° Pour la machine qui portera sur la double bande :

$$4{,}000 \times 0{,}032 = 128 \text{ kil.}$$

Et en tout. . . . . 800 kil.

Les deux machines étant capables de transporter ensemble 6,576 kil. par heure, à 1 kilomètre de distance, la vitesse du transport sur les plans inclinés sera de $\frac{6{,}576}{800} = 8$ kil. 22, ou seulement 8 *kilomètres à l'heure.*

Si l'on veut arrêter le convoi marchant avec cette vitesse, la résistance sera, comme dessus, de 800 kil. plus, par le moyen des bielles, 82 kil., en tout 882 kil.

Il faudrait donc faire $X = -882$ kil. d'où $M = -0{,}257$;

Faisant $u = 0$ et $b = 2^{m}22$ (vitesse par seconde qui correspond à 8 kilomètres à l'heure) il vient :

$$c = \frac{-4{,}928}{-0{,}514} = 8^{m} 30 \text{ c.}$$

Espace qui serait parcouru à raison d'une vitesse moyenne de 4 kilomètres à l'heure, en 7 à 8 secondes.

Le convoi, une fois arrêté, serait sollicité à rétrograder par l'action de sa pesanteur, qui serait égale à $32{,}000 \times 0{,}02 \ c. = 640$ kil.

Mais le convoi résisterait à cette action, d'une part par la résistance de la partie qui porterait sur les rails ordinaires, ci $28{,}000 \times 0{,}004 = 112$ kil.

D'autre part par la *résistance* de la *machine* qui porterait sur la double bande des rails, ci $4{,}000 \times 0{,}012 = 48$ kil.

Et aussi par la *résistance du mécanisme* des machines, trouvée ci-dessus de 82.

Enfin par la *résistance du vide* dans le cylindre, qui serait de 328 kil.

La résistance totale pourrait donc s'élever à 570 kil., en sorte qu'il suffirait d'exercer avec un *frein* une résistance de 70 kil. pour maintenir le convoi stationnaire.

Cet effort est extrêmement minime, comme nous l'avons fait voir précédemment, et ne peut faire naître aucun inconvénient (1).

Pour remettre le convoi en marche, il faudrait rendre leur action aux deux machines, en leur donnant toute la tension dont elles sont capables, celle de 4 kil. 50 par centimètre carré, sous laquelle elles utilisent une pression de. . . . . 2 kil. 74 c.

Et comme la tension habituelle à ces convois est, sur les plans inclinés, de 4 kil. 00, à laquelle répond une pression utile de. 2   33

L'effort moyen en vertu duquel la machine agira, après le temps de repos, jusqu'à ce que la vitesse normale soit acquise, sera de. 2   53

La puissance sera ainsi, sur les pistons, de 1808×2 kil. $53 = 4,574$; cette action, transportée aux jantes des roues, sera de $\frac{4,574}{4,40} \times 0,80 = 832$; on aura donc :

$$X = 832 - 800 = 32 ,$$

d'où $M = 0,0093$;

faisant $u = 2,22$, $U = 0$, on a :

$$e = \frac{4,93}{0,0186} = 265^m$$

Espace qui sera parcouru en *quatre minutes*, au bout desquelles le convoi aura repris sa vitesse habituelle.

Enfin, si l'on veut calculer l'espace sur lequel la vitesse de 16 *kilomètres* par heure, qui animera ces convois sur les parties ordinaires du chemin, agira dans le parcours des plans inclinés à partir de leur base, il faut supposer

---

(1) Il n'y aurait aucun effort à faire pour fixer le convoi, si l'on s'en rapportait aux résultats qui seraient fournis par les principes de la Commission des ponts et chaussées.

que la machine qui utilise en plaine une puissance de. . . . .   1 kil. 18

et sur le plan incliné celle de.   2   33

agira avec une tension moyenne de.   1   75

La puissance sur les pistons sera ainsi de 1808×1 kil. $75 = 3{,}164$ kil.

et sa valeur, transportée aux jantes des roues, de $\dfrac{3{,}164 \text{ kil.} \times 0{,}80}{4{,}40} = 575$

on aurait alors $X = 575 - 800 = -225$.

$$\text{d'où } M = -0{,}0656, \text{ faisant } u = 2\ 22, \ U = 4\ 44,$$

$$\text{on aura } c = \frac{-14\ 79}{-0{,}1312} = 113 \ \textit{mètres}.$$

Espace qui serait parcouru avec une vitesse de *trois lieues* ou 12 *kilomètres* à l'heure, c'est-à-dire en *trente-quatre secondes*, après lesquelles le convoi aura réduit sa marche à la vitesse normale.

D'après cela, un convoi de marchandises abordant, avec une vitesse de *quatre lieues* à l'heure, un plan incliné dressé à deux centimètres par mètre, pour remonter ce plan incliné, parcourera d'abord un espace de 113 *mètres* dans les *trente-quatre premières secondes*, avec une vitesse moyenne de *trois lieues* à l'heure, puis continuera sa route sous la vitesse normale et régulière de *deux lieues* à l'heure sur toute la longueur du plan incliné.

Le convoi s'arrêtera sur ce plan, si l'on fait cesser l'action de la machine, en parcourant un espace de 8ᵐ 30 c. en sept ou huit secondes de temps.

Arrêté, il suffira d'une résistance de 70 *kil.*, opérée par les freins, pour qu'il reste stationnaire.

Puis, remis en marche au moyen de sa machine, il regagnera la vitesse normale de 8 *kilomètres* à l'heure, en parcourant 265 *mètres* sur le plan incliné, ou en *quatre secondes* de temps.

2° Descente des plans inclinés.

Il faut répéter ici ce que l'on a dit à l'occasion des voyageurs, qu'en considérant la *descente* comme ayant lieu sur les semelles en bois des rainures, l'on calculera dans la circonstance la plus défavorable qui pourra se rencontrer pendant la marche des convois, circonstance qui ne se présentera jamais que d'une manière tout-à-fait accidentelle.

Cela posé, considérons un convoi de marchandises lancé avec une vitesse de *quatre lieues* à l'heure sur la partie ordinaire du chemin en fer qui précède le plan incliné, et abordant ce plan pour le descendre avec cette même vitesse.

Le convoi étant réduit, dans ce sens, à 28,000 kil., puisqu'il n'aura qu'une machine, sa résistance propre sera de $28,000 \times 0,012 = 336$ kil.

Et comme celle de la marche à blanc de sa machine sera de 41 kil., la résistance totale deviendra de 377 kil.

D'un autre côté, la puissance accélératrice de la pesanteur agira avec une force de $28,000 \times 0,02$ c. $= 560$ kil.

Donc il y aura accélération du mouvement en vertu d'une force de 183 kil. seulement (1).

Pour combattre cette accélération, et rendre la vitesse uniforme, il faudrait exercer avec les freins des convois une résistance égale à cette action, ce qui se fera sans difficulté (2).

A cet *effort régulateur* il faudrait en joindre un autre pour arrêter tout-à-fait le convoi.

On le calculera en le représentant par x, et en posant

$$X = -x, \text{ d'où } M = 0,00033 \times x;$$

Faisant d'ailleurs $u = 0$, et $U = 4\ 44$, il vient :

$$c = \frac{-1971}{-0,00066} = \frac{29,864}{x} \text{ ou } x = \frac{29,864}{c}.$$

---

(1) Il faut remarquer ici que si l'on abandonnait le convoi à cette force accélératrice de 183 k., il arriverait au pied du plan incliné le plus long du projet, celui de 5,700 mètres. avec une vitesse de 21 mètres par seconde, qui est admise par M. Navier.

(2) La résistance à créer devant être de 185 k., on l'obtiendrait au moyen d'une pression de 274 k., que l'on exercera avec des leviers au 8ᵉ, moyennant un effort de 58 k. qui, réparti sur quatre freins seulement, serait facile à opérer sans fatigue et sans danger pour la conservation des freins et des roues des wagons.

En établissant ce calcul d'après le principe de la Commission des ponts et chaussées, on trouve que la force accélératrice étant toujours de 560 k., la résistance serait de 500 k., en sorte que l'action régulatrice des freins ne serait alors que de 60 k., et s'exercerait avec un effort de 13 k. seulement.

Ainsi, pour arrêter un convoi animé d'une vitesse de *quatre lieues* à l'heure sur 100 mètres de distance, il faudrait exercer une nouvelle résistance de 298 kil. ; sur 200 *mètres* il faudrait un effort de 149 kil. ; sur 300 *mètres*, un effort de 99 kil. ; sur 400 *mètres*, un effort de 74 kil. ; sur 500 *mètres*, un effort de 59 kil., etc., etc. ; enfin, sur 1,000 *mètres*, il ne faudrait qu'une action de 30 kil. (1).

Dans ce cas, comme dans celui des voyageurs, il suffira donc de s'y prendre un peu à l'avance lorsque l'on voudra arrêter le convoi pour le fixer, en exerçant par les freins un effort aussi modéré qu'on le voudra.

Le convoi une fois arrêté, il suffira de continuer l'action régulatrice des freins, pour le rendre stationnaire sur le plan incliné.

Enfin on fera reprendre sa course au convoi en supprimant cette action, et l'on calculera l'espace qu'il devra parcourir, à partir du repos, pour reprendre sa vitesse normale, en faisant $X = 183$, d'où $M = 0,061$;

faisant aussi $u = 4\ 44$, et $U = 0$; il vient :

$$c = \frac{9\ 71}{0,132} = 161 \text{ mètres}.$$

Espace qui serait parcouru à raison d'une vitesse moyenne de *deux lieues à l'heure*, ou en *une minute* et *douze secondes* de temps.

En sorte qu'à la descente du plan incliné, on pourra donner aux convois de marchandises une vitesse de quatre lieues à l'heure, et régulariser cette vitesse en exerçant avec les freins une résistance de 183 kil. seulement, qu'il suffira d'augmenter plus ou moins pour arrêter le convoi, selon l'espace qu'on voudra lui permettre de parcourir avant de le fixer.

Dans tous les cas cette action sera toujours très-faible, et ne pourra compromettre ni la solidité des freins, ni les roues contre lesquelles ils agiront.

Le convoi arrêté restera stationnaire sur le plan incliné, en prolongeant l'effort régulateur de 183 kil. qu'il suffira de suspendre pour que le convoi se remette en mouvement et regagne sa vitesse de quatre lieues à l'heure, ce

---

(1) Si l'on ne voulait descendre le plan incliné qu'avec une vitesse de *deux* lieues à l'heure, il ne faudrait faire que le *quart* de ces efforts pour arrêter le convoi dans les mêmes espaces.

qu'il fera en parcourant 161 *mètres,* ou en *une minute et douze secondes* de temps.

Ces résultats, non moins convenables à la locomotion que ceux qui ont été trouvés pour le transport des voyageurs, établissent, de la manière la plus évidente, que, soit à la *remonte,* soit à la *descente,* les *plans inclinés* du *chemin en fer de Paris à Poissy* ne présenteront aucun obstacle ni aucun danger pour la circulation, non seulement des voyageurs, mais encore des marchandises (1).

---

(1) On insistera pour que l'on remarque : 1° Que dans la marche en descente des marchandises, aussi bien que dans celle des voyageurs, l'on serait parvenu à des résultats beaucoup plus avantageux que ceux que l'on vient d'obtenir, si l'on avait calculé en adoptant les principes de la Commission des ponts et chaussées.

2° Et qu'il n'y a que des circonstances accidentelles qui pourront rendre nécessaire d'arrêter les convois sur la longueur des plans inclinés.

CHAPITRE IX.

Dans les premiers chapitres de ce Mémoire, l'on a donné une description complète des dispositions du projet du chemin en fer de *Paris* à *Poissy*, ainsi que la connaissance de tous les résultats que ces dispositions feront naître, et des avantages que l'on obtiendrait sur cette ligne de chemin en fer, comparativement à tous les autres tracés proposés jusqu'à présent, et particulièrement à celui de M. *Defontaines*, pour la ligne de *Paris* à *Versailles*.

L'on a en outre prouvé qu'avec *un système de locomotion exécuté par le moyen de machines de renfort*, le transport des marchandises aussi bien que celui des voyageurs n'éprouvera aucun obstacle et se fera sans aucun danger sur les *plans inclinés* du chemin, soit à la *remonte*, soit à la *descente* de ces plans inclinés.

Il reste donc maintenant à établir, pour justifier sous tous les rapports possibles la supériorité attribuée au projet de *Paris à Poissy*, que celui de M. *Defontaines* ne pourrait même supporter la comparaison avec lui, sous le rapport des frais d'exploitation.

M. *Defontaines* a estimé les frais de construction de son projet depuis *Versailles* jusqu'à *Asnières*, sur 20,000 *mètres* de longueur, à la somme de 4,100,000 fr. ce qui fait 205,000 fr. par kilomètre.

En sorte qu'avec cette dépense, et au moyen de la partie du chemin en fer de Paris au Pec qui s'étendra depuis *Asnières* jusqu'à Paris, la ligne de *Paris à Versailles* sera ouverte sur 22,918 m. de longueur totale.

Quant au projet de *Paris à Poissy*, il doit revenir, d'après les estimations, à 9,000,000 fr. pour 38,600 *mètres* de longueur totale. La distance de *Paris à Versailles* n'étant, par cette direction, que de 16,600 *mètres*, la dépense de cette partie du chemin s'élèverait proportionnellement à 4,131,000 fr. ou 233,000 fr. par kilom. somme plus forte que celle de M. Defontaines; ce qui met notre appréciation à l'abri de tout reproche, et permet de considérer comme équivalentes les dépenses totales de la construction des deux projets.

Cela posé, pour classer ces deux lignes sous le point de vue des frais d'exploitation qu'elles occasioneront, il faut donc principalement les comparer sous le rapport des frais de traction que feront naître les transports des voyageurs et des marchandises sur chacune de leurs directions.

Pour cela l'on admettra que le service sera fait sur les deux voies par des moteurs semblables. Et comme les vitesses de 32 *kilomètres* à l'heure pour les voyageurs, et de 16 *kilomètres* à l'heure pour les marchandises, sont nécessaires à observer sur le chemin en fer de *Paris à Versailles*, et ne peuvent être dépassées sans danger, l'on appliquera ces vitesses aux deux chemins, sur tout leur développement (sauf à la remonte du plan incliné qu'il faudra franchir sur le chemin de Paris à Poissy, en se rendant de Paris à Versailles (1).

---

(1) L'on sait que c'est conformément à cette disposition que nous avons calculé les circonstances de la locomotion de notre projet de chemin en fer.

et qui ne le sera qu'avec des vitesses de 15 *kilomètres* et de 8 *kilomètres* à l'heure pour les voyageurs et les marchandises).

Si l'on calcule d'après cela le temps qui sera nécessaire sur chaque projet pour l'*aller* et le *retour*, on trouvera :

	voyageurs.	marchandises.
1° Sur celui de M. Defontaines, à raison de 23,000 *mètres* dans chaque sens, en tout 46,000 *mètres*.	1 h. 26 m.	2 h. 53 m.
2° Sur celui de Paris à Poissy, pour la partie ordinaire de 29,500 *mètres*, aller et retour. . . .	0 h. 55 m.	1 h. 50 m.
Pour le plan incliné de 3,700 *mètres*.	0 15	0 28
Totaux.	1 10	2 18

En sorte que le chemin en fer de *Paris à Poissy* présentera, sur celui de M. Defontaines, relativement au temps nécessaire pour *aller* et *venir de Paris à Versailles* et de *Versailles à Paris*, un avantage *d'un quart d'heure au moins* (16 minutes) *pour les voyageurs*, et *de plus d'une demi-heure* (35 minutes) *pour les marchandises* (1).

Afin de marcher avec cette vitesse sur le chemin de M. Defontaines, les convois devront être réglés ainsi qu'il suit :

Pour les voyageurs, à 11 *tonnes* de poids total, ce qui les composera de 2 *tonnes* 66 de poids utile, ou de 37 personnes à raison de 14 par tonneau.

Pour les marchandises, de 22 tonnes de poids total, ce qui les réduira à 10 tonnes de poids utile (2).

Sur le chemin de Paris à Poissy, ces convois seront, comme nous l'avons dit, de 14 tonnes qui se réduisent à 65 personnes pour les voyageurs, et de 28 tonnes qui se réduisent à 14 tonnes de poids utile pour les marchandises.

---

(1) Il faut remarquer que nous négligeons sur le chemin de Paris à Poissy l'effet de la vitesse acquise au pied du plan incliné, ce qui réduirait encore de *quatre minutes* le temps du parcours des voyageurs, et porterait à vingt minutes l'économie de temps que cette ligne leur présenterait.

(2) Les résistances que peuvent surmonter les machines sont, comme nous l'avons prouvé précédemment, de 100 k. avec la vitesse de 32 kilomètres, et de 200 k. avec celle de 16 kilomètres. Le coefficient de la résistance des convois étant de 0,009, sur une rampe de cinq millimètres par mètre, ces convois seront de $\frac{100\,\text{k.}}{0,009} = 11$ tonnes pour les voyageurs, et de $\frac{200\,\text{k.}}{0,009} = 22$ tonnes pour les marchandises. Quant aux poids utiles, on sait qu'on les obtient en comptant la machine et son chariot d'approvisionnement pour 7 tonnes, et en prenant seulement les deux tiers du reste.

On ne pourrait rendre les convois équivalens sur ces deux chemins, en augmentant ceux du chemin de M. Defontaines, qu'autant que l'on diminuerait de beaucoup la vitesse des transports dans la *rampe dressée à cinq millimètres* par mètre, qui s'étend sur plus des *trois quarts de ce chemin.*

Et en effet, pour élever les convois de voyageurs à 14 *tonnes*, la résistance deviendrait, sur la pente, de *cinq millimètres*, $14,000 \times 0,009 = 126$ kil. et l'on aurait pour la vitesse $\frac{1400}{126} = 26$ *kilomètres* à l'heure, ce qui retarderait encore la marche du convoi de plus de *huit minutes*, et ce qui donnerait 24 minutes d'avantage au moins au projet de Paris à Poissy pour la partie de la ligne entre Paris et Versailles.

Si l'on voulait que les poids et les vitesses fussent égaux sur les deux chemins en fer, il faudrait que les machines de celui de M. *Defontaines* agissent avec 15 chevaux de force au lieu de 12, ce qui augmenterait évidemment la dépense *d'un quart*, tout en conservant toujours *seize minutes* d'avance à l'avantage du projet de *Paris* à *Poissy* (1).

Enfin, si tout en conservant le même tonnage que sur le chemin de Paris à Poissy, on voulait que le trajet de *Paris* à *Versailles* se fît dans le même temps sur les deux lignes, il faudrait d'abord faire marcher les voyageurs sur ce chemin, à raison de 45,5 kil. ou 11 lieues et ¼ à l'heure, tout en employant des machines de la force d'au moins 21 chevaux, ou de deux tiers en sus de celles qui suffiraient pour obtenir le même service sur le chemin en fer de Paris à Poissy (2).

Ces différens systèmes de locomotion ne sauraient donc, en aucun cas, donner une supériorité au projet de M. *Defontaines*, relativement aux frais de traction. De là il faut conclure que les résultats que l'on obtiendra de la comparaison de ces deux lignes, en y appliquant les mêmes machines et les convois qui s'y rapportent, seront les plus avantageux que pourra présenter

---

(1) La force de la machine étant représentée par X, on aurait $\frac{X}{126} = 32$, $X = 4,032$, et $\frac{4,032}{270} = 15$ chevaux.

(2) La vitesse augmenterait dans le rapport de $\frac{23,000}{16,000} = \frac{U}{30}$ d'où $U = 45,5$

D'un autre côté, il faudrait que l'on eût en appelant X la force de la machine $\frac{X}{126} = 45,5$ d'où $X = 5733$, et $\frac{5,733}{270} = 21$ chevaux. Encore ne tenons-nous aucun compte de l'augmentation qu'éprouverait le poids de la machine.

le projet de M. Defontaines, et que par conséquent, pour établir la comparaison des frais de traction à l'avantage de ce dernier projet, il faut le faire au moyen du système de locomotion ordinaire.

Telle est la marche que nous allons observer dans les appréciations suivantes (1).

1° *Projet de M. Defontaines.*

Le projet de M. Defontaines présenterait à parcourir, en allant de *Paris à Versailles*, et revenant de Versailles à Paris, savoir :

1° En rampe de 5 millimètres par mètre à monter. . .	17,000	*mètres*
2° En paliers horizontaux.	12,000	
3° En pente de 5 millimètres par mètre à descendre,	17,000	
Total pour aller et retour.	46,000	

---

(1) Les pentes étant assez prolongées et assez régulières, sur l'une et l'autre ligne, nous admettrons dans ces appréciations que la combustion peut être réglée proportionnellement à l'effort qu'il faudra faire sur chacune de ces pentes.

M. Navier propose *un autre système de locomotion* que nous ne croyons pas aussi avantageux que celui-ci, du moins dans la circonstance qui nous occupe : il veut que les machines marchent toujours avec la même consommation de chaleur, ou en consommant toujours le même poids de vapeur.

Nous au contraire, nous nous proposons de modifier l'emploi de la chaleur de manière à produire le même volume de vapeur, mais à différens degrés de tension proportionnés à l'effort que la machine aura à faire sur les diverses pentes du chemin. Cette méthode se rapproche beaucoup plus que celle de M. Navier de ce qui se fait sur les chemins en fer, où l'on entretient, autant que possible, une vitesse uniforme.

Avec *le système de M. Navier*, il faudrait dans certains cas marcher avec des vitesses dangereuses et inusitées *de 12, 14, 18 et 20 lieues à l'heure*, ou consentir à perdre de la vapeur, ce qu'il faut éviter autant que possible.

La disposition assez régulière des deux projets que nous comparons quant à leurs pentes, rendra facile cette combustion proportionnée à l'inclinaison des pentes, et c'est surtout parce qu'il *devient impossible de l'obtenir sur les chemins en fer qui contiennent des pentes et contre-pentes successives*, que cette disposition est désavantageuse sur ces voies de communication; alors en effet on est obligé de suivre *le système de M. Navier*, en tenant constamment la vapeur à la tension nécessaire pour la plus forte rampe qu'il faut remonter, ce qui oblige à perdre de la vapeur dans beaucoup de circonstances pour ramener la vitesse à une valeur convenable.

D'après les calculs de *M. Navier*, l'application de son système de locomotion ne pourrait s'exercer *sans perte sur le projet de M. Defontaines* qu'en descendant la pente de cinq millimètres par mètre, qui se prolonge sur 17,000 mètres de longueur avec une vitesse de 17 l. ½ à l'heure, vitesse qui n'a encore été employée sur aucun chemin en fer.

Si l'on calcule d'après le poids des convois indiqués ci-dessus, la tension nécessaire pour la locomotion sur ces différentes parties, et que l'on en déduise, d'après le tableau que nous avons établi, chapitre VII, la tension totale qui en résultera dans la machine, on trouvera, savoir :

| PENTES | VOYAGEURS. | | MARCHANDISES. | |
OU RAMPES.	Tensions utiles.	Tensions totales.	Tensions utiles.	Tensions totales.
m.	k.	k.	k.	k.
+ 0, 005	0, 60	1, 95	1, 20	2, 60
0, 000	0, 26	1, 55	0, 52	1, 86
— 0, 005	0, 05	1, 25 (1)	0, 05	1, 25 (2)

Cela posé, comme les roues des machines doivent avoir *4 mètres 40 cent.* de circonférence, et qu'à chaque tour de roue répond une pulsation complète des deux cylindres, le nombre des pulsations par kilomètre sera de 228; d'ailleurs les cylindres auront $0^m 24$ de diamètre, et $0^m 40$ de course, ce qui donnera 0,072 pour le volume de la vapeur qui sera consommée dans chaque pulsation.

Le volume employé par kilomètre de distance parcourue sera donc de 16 *mètres cubes 416 millimètres.* Au moyen de ce résultat, et *du tableau de la théorie générale de la puissance mécanique de la vapeur, publié par M. Clément Desormes*, on trouve, pour l'appréciation de la puissance mécanique employée sur un chemin en fer, pour parcourir *un kilomètre* de distance avec les différens degrés de tension dont nous venons de parler, savoir :

PRESSIONS totales.	VOLUME correspondant d'un kilog. de vapeur.	POIDS de la vapeur employée par kilomètre.	PUISSANCE mécanique d'un kilogramme de vapeur.	PUISSANCE développée par kilomètre.
k.	m. c	k.	dynamies.	dynamies.
1, 25	1, 38	11, 89	17, 89	212, 71
1, 55	1, 10	14, 91	18, 22	271, 66
1, 86	0, 92	17, 84	18, 48	329, 68
1, 95	0, 88	18, 65	18, 57	346, 35
2, 63	0, 65	25, 23	19, 53	492, 74

(1 et 2) Ce chiffre répond à la marche à blanc *de la machine.*

Appliquant ces résultats aux différentes parties du chemin en fer, on établit le tableau suivant, qui fixe la somme des *dynamies* (1) qui seront consommées par chaque nature de convoi, pour le transport total de *Paris* à *Versailles*, *aller* et *retour* réunis.

PENTES ou rampes.	LONGUEURS.	VOYAGEURS.			MARCHANDISES.		
		pressions totales.	puissances par kilomètre.	PRODUITS.	pressions totales.	puissances par kilomètre.	PRODUITS.
	m.	k.	dynamies.		k.	dynamies.	
+ 0, 005	17000	1, 05	546, 53	5887, 61	2, 63	492, 74	8376, 58
0, 000	12000	1, 53	271, 66	5259, 92	1, 86	329, 68	3929, 16
— 0, 005	17000	1, 25	212, 71	3616, 07	1, 25	212, 71	3616, 07
Totaux de la puissance mécanique employée par convoi.				12763, 60			15921, 81

D'où l'on conclut,

1° Que les convois de voyageurs se composant de 37 personnes, la puissance mécanique nécessaire pour le transport d'un seul voyageur, *aller* et *retour*, sera, sur le projet de M. Defontaines, de . . . . . . 345 dynamies.

2° Que les convois de marchandises se composant de 10 *tonnes*, la puissance mécanique nécessaire pour le transport d'un tonneau de marchandises, sur le même chemin (aller et retour compris), sera de. . . 1,592 dynamies.

2° Projet de Paris à Poissy.

En suivant le même mode de calcul, on trouve:

1° Que ce projet présentera à parcourir, en *allant* de *Paris* à *Versailles*, et *revenant* de *Versailles* à *Paris*, savoir :

En rampe de 2 centimètres par mètre à monter.	3,726 m
En rampe de 3 millimètres par mètre à monter.	9,382
En paliers horizontaux.	7,136
En pente de 3 millimètres par mètre à descendre.	9,382
En pente de 2 centimètres par mètre à descendre.	3,726
Total pour aller et retour.	33,352

---

(1) *Une dynamie* est la force nécessaire pour élever un mètre cube d'eau, c'est-à-dire un poids d'une tonne ou de 1000 kilogrammes, à un mètre de hauteur.

2° Que le calcul des tensions présentera les résultats suivans :

PENTES	VOYAGEURS.		MARCHANDISES.	
OU RAMPES.	Tensions utiles.	Tensions totales.	Tensions utiles.	Tensions totales.
m.	k.	k.	k.	k.
+ 0, 02	1, 51	2, 74	2, 55	3, 88
+ 0, 005	0, 59	1, 95	1, 18	2, 60
0, 000	0, 34	1, 64	0, 68	2, 00
— 0, 005	0, 09	1, 55	0, 18	1, 44
— 0, 02	0, 05	1, 25	0, 05	1, 25

3° Et que l'on aura en conséquence, pour le calcul de la puissance dynamique dépensée par *kilomètre* de longueur sur chacune de ces pentes, savoir :

PRESSIONS TOTALES.	VOLUME correspondant d'un kilog. de vapeur.	POIDS de la vapeur employée par kilomètre.	PUISSANCE mécanique d'un kilogramme de vapeur	PUISSANCE développée par kilomètre.
k.	m. c.	k.	dynamies.	dynamies.
1, 25	1, 58	11, 89	17, 89	212, 71
1, 55	1, 31	12, 52	17, 98	215, 11
1, 44	1, 22	15, 45	18, 10	215, 44
1, 64	1, 08	15, 19	18, 24	277, 06
1, 93	0, 93	17, 64	18, 52	526, 69
2, 00	0, 93	18, 25	18, 61	338, 26
2, 60	0, 70	23, 44	19, 02	445, 85
2, 74	0, 67	24, 49	19, 11	468, 00
5, 88	0, 53	30, 96	19, 67	608, 98

4° Enfin que l'on obtiendra pour la puissance mécanique employée au transport d'un convoi de voyageurs et de marchandises pour *aller* et *retour* de *Paris* à *Versailles* et de *Versailles* à *Paris*, savoir :

PENTES ou RAMPES.	LONGUEURS.	VOYAGEURS.			MARCHANDISES.		
		pressions totales	puissance par kilomètre.	PRODUITS.	pressions totales.	puissance par kilomètre.	PRODUITS.
m.	m.	k.	dynamies		k.	dynamies.	
+ 0, 002	5726	2, 71	468, 00	1743, 77	3, 88	608, 98	2269, 05
+ 0, 005	9585	1, 93	326, 69	3065, 33	2, 60	445, 83	4183, 18
0, 000	7156	1, 61	277, 06	1977, 10	2, 00	358, 26	2413, 82
— 0, 005	9585	1, 35	215, 11	2018, 16	1, 44	243, 44	2285, 95
— 0, 020	5726	1, 25	212, 71	792, 56	1, 25	212, 71	792, 56
+ 0, 020	5726	2, 74	468, 00	1743, 77	3, 88	608, 98	2269, 05*
— 0, 020	5726	1, 25	212, 71	792, 56	1, 25	212, 71	792, 56
Totaux de la puissance mécanique employée par convoi.				12173, 25			15004, 17

D'où l'on conclut,

1° Que les convois de voyageurs se composant de 65 personnes, la puissance mécanique nécessaire pour le transport d'un seul voyageur, aller et retour compris, sera, sur le chemin en fer de *Paris à Poissy*, de. . 187 dyn.

2° Que les convois de marchandises se composant de 14 tonnes, la puissance mécanique nécessaire pour le transport d'un tonneau de marchandises sera de. . . . . 1,072 dyn.

Et comme les dépenses en argent sont proportionnelles à la force employée, il résulte en définitive de ces calculs :

1° Qu'indépendamment du *bénéfice* de seize *minutes* que procurera le chemin en fer de *Paris à Poissy*, sur le temps nécessaire pour *l'aller* et le *retour* d'un convoi de voyageurs, *il offrira encore une économie de près des ⅓ sur les dépenses de traction que nécessiterait le parcours du chemin de M. Defontaines.*

2° Et que, relativement aux marchandises, outre l'avantage *de trente-cinq minutes* sur le temps de leurs transports, *il économisera presque ⅓ des frais de traction qu'il faudrait faire sur ce même chemin de M. Defontaines.*

Or, il faut bien remarquer ici que ces résultats, si importans, ne sont pas dus seulement à la valeur que, contrairement à l'avis de la Commission des

---

(*) Les deux dernières lignes de ce tableau se rapportent au travail de la machine de renfort (aller et retour) sur le plan incliné.

ponts et chaussées, l'on a attribuée, dans ce Mémoire, à la perte d'action de la vapeur des machines locomotives; et, en effet, si l'on renouvelle ces calculs pour apprécier la puissance mécanique nécessaire au transport des convois sur les deux lignes, en adoptant le principe de la commission, celui qui représente par $\left(\frac{T}{2} + 1\right)$ la perte d'action des machines, on trouve :

INDICATIONS.	PUISSANCE MÉCANIQUE NÉCESSAIRE AU TRANSPORT DES	
	voyageurs.	marchandises.
	dynamies.	dynamies.
Sur le projet de M. Defontaines..	543	2452
Sur le projet de Paris à Poissy...	511	1925
Différence à l'avantage de ce dernier chemin..............	252	527
Ce qui présente une économie de...	½	¼

Economies qui seraient bien suffisantes encore pour mériter à la direction de *Paris* à *Poissy* la préférence sur celle du tracé de M. *Defontaines.*

Il est vrai que si l'on suivait, dans le calcul de ces frais de traction, la méthode indiquée par M. *Navier*, on parviendrait à des résultats différens de ceux-ci.

Ainsi, dans le projet de M. *Defontaines*, on trouverait avec cette méthode que l'effort nécessaire pour transporter un convoi de *Paris* à *Versailles*, et le ramener à *Paris*, serait équivalent à celui qu'il faudrait faire pour élever ce même convoi à 230 mètres de hauteur.

Et dans le projet de *Paris* à *Poissy* on trouverait, en ayant égard à l'existence du *plan incliné*, à l'excédant de sa pente sur les pentes ordinaires, et à l'emploi des machines de renfort, que l'effort à faire serait relatif à 235^m 62 de hauteur.

D'après cette méthode, le chemin de M. *Defontaines* présenterait donc, sur celui de Paris à Poissy, un avantage de 5^m 62 de hauteur, ou de ¼₁ du montant des frais de traction (1).

---

(1) Cette hauteur s'obtiendrait, sur le projet de *M. Defontaines*, ainsi qu'il suit :

Lors même que ce résultat serait exact, présenterait-il un motif suffisant pour faire préférer le projet de M. Defontaines?

Non, sans doute, car tous les avantages qui ont été signalés précédemment, et qui appartiennent exclusivement au projet de Paris à Poissy, indépendamment de celui de la plus grande rapidité des transports que l'on ne peut lui contester, compenseraient bien ce faible désavantage s'il avait quelque réalité (1).

Et d'ailleurs, dans le cas même où les frais de traction seraient seulement de $\frac{1}{42}$ plus élevés sur le chemin de *Paris à Poissy* que sur celui de *Versailles à Paris*, il n'en faudrait pas conclure nécessairement que *les frais de transport* seraient plus forts sur cette ligne que sur celle à laquelle nous la comparons.

Les *dépenses d'exploitation*, en effet, ne se composent pas seulement, sur un chemin en fer, *des frais de traction*, elle contiennent encore : 1° *les frais*

En allant de Paris à Versailles.	Distance horizontale	$\frac{23,000}{200} =$	115,00
	Hauteur à franchir		85,00
En allant de Versailles à Paris.	Distance horizontale	$\frac{23,000}{200} =$	115,00
	Hauteur à descendre	—	85,00
	Total		230,00

Sur le projet de Paris à Poissy :

	1° Distance horizontale	$\frac{16,600}{200} =$	83,00
	2° Hauteur à franchir		85,00
En allant de Paris à Versailles.	3° Machine de renfort ($\frac{1}{7}$ *du poids du convoi*)		
	Distance horizontale	$\frac{3,720}{2,000} \times \frac{1}{7} =$	2,66
	Hauteur de 75^m	$\frac{75}{7} =$	10,71
	1° Distance horizontale	$\frac{16,600}{200} =$	83,00
En allant de Versailles à Paris.	2° Hauteur à descendre	—	85,00
	3° Excédant des pentes du plan incliné $\frac{15}{20} \times 75 =$		56,25
	Total		235,62

Avantage pour le projet de M. Defontaines.......................... 5,62

ou $\frac{1}{42}$ des frais de traction du chemin de Paris à Poissy.

(1) Si l'on compare la méthode *de M. Navier* à celle qui a été suivie en premier lieu pour apprécier les frais de traction, il sera difficile qu'on n'accorde pas la préférence à cette dernière, comme tenant compte d'un grand nombre de circonstances qui appartiennent aux phénomènes de la vaporisation, et qui se combinent nécessairement dans la locomotion sur les chemins de fer, tandis que la méthode de M. Navier les néglige.

*annuels d'intérêts et d'amortissement de l'entreprise; 2° ceux d'administra-
tion générale et d'entretien; 3° les dépenses des wagons; 4° et surtout celles
d'emmagasinemens et d'expédition des marchandises.*

Or, les frais annuels d'entretien et d'amortissement dépendent évidemment
du montant des dépenses premières, dépenses qu'au désavantage de notre
projet nous avons supposées égales sur les deux lignes, mais dont la répar-
tition dans le prix des transports sera d'autant plus forte que ces transports
seront moins nombreux; or il est évident que la *direction isolée de M. Defontaines* recevra une quantité beaucoup moins considérable de marchandises et
de voyageurs que la partie du chemin en fer de *Paris* à *Versailles* qui se
rattache à la direction de *Paris* à *Poissy;* donc, sous ce rapport, la dépense
des transports, par cette dernière direction, sera moins élevée que celle correspondante à la ligne de M. *Defontaines.*

Il en sera de même pour la partie de ces frais qui répondront aux dépenses
d'administration générale et d'entretien, puisque ces dépenses doivent aussi
se répartir dans les prix du parcours, en raison inverse de la circulation.

Enfin, quant aux dépenses des wagons et à celles d'emmagasinement et
d'expédition des marchandises, elles seront encore bien plus économiques
sur la ligne de Paris à Poissy que sur celle de M. *Defontaines*, puisqu'elles
sont regardées comme proportionnelles au développement du chemin, ce qui
diminuera de $\frac{1}{4}$ au moins les frais de cette nature sur la première de ces
directions; ainsi, sous ces différens rapports, il y aurait des *économies considérables à obtenir sur le chemin en fer de Paris à Poissy*, ce qui compense-
rait certainement et au-delà l'augmentation de $\frac{1}{4}$, dans les frais de traction,
que la méthode d'appréciation de M. *Navier* présenterait au désavantage de
notre projet (1).

---

(1) Dans l'appréciation des frais d'exploitation qui ont été établis chapitre IV, page 31,
les frais de traction sont comptés à o fr. 10 c. par tonne de marchandises et par kilomètre,
et pour o fr. 04 c. par voyageurs et par kilomètre.

Ces sommes contiennent les frais d'emmagasinement et d'expédition.

Elles se composent, savoir :

	voyageurs.	marchandises.
1° Pour les frais de service et d'emmagasinement de	o fr. 010 c.	o fr. 035 c.
2° Pour ceux de traction...........................	o 030	o 065

D'après cela, sur le chemin de Paris à Poissy, qui aura 16,600ᵐ de longueur, on aurait par voyageur et par tonne de marchandise, savoir :

D'après cela, quel que soit le mode d'appréciation que l'on voudra suivre il y aura toujours et à la fois avantage d'économie et de rapidité pour la ligne de Paris à Poissy, relativement à la ligne de M. Defontaines, et par conséquent aussi à toute autre ligne, ce qui restait à démontrer.

	voyageurs.	marchandises.
1° Pour les frais de service et d'emmagasinement........	o fr. 160	o fr. 581 c.
2° Pour frais de traction...........................	o 480	1 079
Totaux......................	o 640	1 660

Et sur le chemin de M. Defontaines, qui aura $25,000^m$ de développement :

	voyageurs.	marchandises.
1° Pour frais de service ou d'emmagasinement.........	o fr. 250	o fr. 805 c.
2° Pour frais de traction ($\frac{1}{4}$ de moins que les précédens)	o 469	1 054
Totaux......................	o 699	1 859
Reste à l'avantage du projet de *Paris à Poissy*.........	o 059	o 199

Ainsi il y aurait plus que compensation entre ces deux articles seulement, et par conséquent toujours avantage dans les frais de transports pour le chemin en fer de *Paris à Poissy*, qui aurait encore des économies à réaliser sur les autres parties de la dépense générale.

CONCLUSION.

Dans le Mémoire qui précède, nous avons examiné, sous tous les rapports possibles et avec tous les détails convenables, la question du chemin en fer de Paris à Saint-Cloud, Versailles, Saint-Germain et Poissy, et nous avons signalé les avantages incontestables qui résulteraient du tracé proposé pour ce projet, soit par la disposition de ses différens embarcadères, soit par l'importance des relations réciproques qu'il établirait entre toutes les villes situées sur sa direction, soit par le peu de distance qu'il présenterait à franchir entre ces différentes villes, soit enfin par la facilité et l'économie qu'il offrirait à la circulation et au commerce, tant pour le transport des voyageurs que pour celui des marchandises. Nous avons fait voir encore qu'à ces différens égards aucun des projets déjà présentés ne satisferait aussi complétement que celui-ci à l'intérêt général et à l'intérêt particulier des localités importantes qui doivent être traversées par ce chemin de fer, et que, sous ces divers rapports d'utilité publique, aussi bien que sous celui de la spéculation, nulle entreprise ne présenterait des résultats à la fois aussi satisfaisans et aussi nombreux.

Ces avantages qui, nous l'espérons, mériteront à notre projet l'approbation du public aussi bien que celle des hommes de l'art, sont dus particulièrement au système de construction et de locomotion que nous proposons d'employer pour faire franchir aux convois de voyageurs et de marchandises les principaux accidens que présente le sol dans la direction de ce chemin en fer.

Ce système consiste dans l'emploi de plans inclinés, dressés à $0^m,02$ de pente par mètre, et dans l'usage de machines de renfort qui se joindront aux machines locomotives pour faire franchir ces plans inclinés aux convois de voyageurs et de marchandises.

Un système de locomotion analogue à celui-ci est employé, comme nous l'avons déjà dit, sur le chemin de fer de Manchester à Liverpool pour les plans de Whiston et de Sutton qui sont dressés sous une inclinaison de $0^m,01$ seulement par mètre, en sorte que s'il y a innovation dans notre proposition, elle tient seulement à la rapidité de l'inclinaison du plan que nous proposons d'employer.

L'avantage de pouvoir employer cette inclinaison dans la construction des chemins en fer, sans qu'il soit utile de recourir à des machines fixes, était trop évident pour qu'il fût besoin de le développer ici; il ne nous restait donc qu'à justifier de la possibilité de l'usage de ces plans inclinés, et c'est ce que nous avons plus particulièrement fait dans ce Mémoire.

Nous avons démontré, en effet, qu'avec des machines locomotives ordinaires, de la force de 12 chevaux de feu, assistées de machines de renfort semblables, il sera toujours possible de faire remonter les plans inclinés, dressés à $0^m,02$ par mètre, à des convois composés de 60 à 70 personnes, ou de 14 tonnes de marchandises effectives (1), sans qu'il soit nécessaire de pousser la vapeur au-delà de quatre atmosphères et demie de pression, tension *maximum* pour laquelle les chaudières des machines sont construites, et que l'on ne peut dépasser sans danger.

Cette vérité essentielle, que les deux machines réunies peuvent développer une énergie suffisante pour la remonte des plans inclinés étant ainsi établie, il nous restait, pour compléter la solution de cette question, à considérer la locomotion sous le rapport de l'adhérence des machines sur les rails du chemin.

A cet égard on a trouvé qu'aucun obstacle provenant de l'adhérence ne pouvait s'opposer à la locomotion des voyageurs, tellement que cette locomotion aurait toujours lieu sur les plans inclinés, même avec les dispositions ordinairement suivies dans la construction des chemins en fer.

Mais il n'en a pas été de même pour le transport des convois de marchandises; on a vu en effet qu'avec ces convois la locomotion ne pouvait se faire qu'autant que le coefficient de l'adhérence s'élèverait au 10me du poids des

---

(1) Ces convois sont calculés de manière à utiliser la totalité de la puissance de la machine locomotive sur les parties ordinaires du chemin, supposées contenir des pentes de $0^m,003$ au plus par mètre, en marchant à la vitesse de 32 kil. ou 8 lieues à l'heure pour les voyageurs, ou de 16 kil. ou 4 lieues à l'heure pour les marchandises.

machines, rapport au-dessous duquel il se tient habituellement. En sorte que pour assurer la marche de ces convois sur les plans inclinés, il fallait trouver le moyen d'augmenter la valeur de l'adhérence de leurs machines locomotives, ce que nous avons fait en employant une disposition nouvelle mais fort simple, qui ne doit être appliquée qu'à la voie en remonte des plans inclinés.

Au moyen de cette modification, nous avons complètement résolu la question, quant à ce qui concerne la marche ascendante des convois, et il n'y avait plus qu'à examiner les circonstances qui pourraient accompagner la descente sous cette même inclinaison.

Dans la marche des convois sur les chemins de fer, en effet, la descente est sollicitée par une force accélératrice qui croit avec la rapidité de la pente, et qui agit de manière à ce qu'il en résulterait promptement une vitesse dangereuse si l'on ne parvenait pas à régulariser le mouvement.

Cette régularité s'obtient au moyen d'efforts soutenus, exercés par des freins sur les roues des machines, ce qui fait dépendre la sûreté des convois de la conservation de ces freins, et ce qui fait une loi de n'employer que des pentes avec lesquelles l'effort à faire soit assez modéré pour qu'il ne compromette dans aucun cas leur solidité.

Le calcul montre que cette condition indispensable ne serait qu'imparfaitement remplie avec une pente de deux centimètres par mètre sur des rails ordinaires; et ce résultat nous a imposé l'obligation de modifier encore la construction des chemins en fer dans les voies en descente des plans inclinés dressés à $0^m,02$ par mètre, afin de rendre leur emploi praticable.

A cet effet, au lieu de *rails saillans*, ce sont des *rails creux* que nous proposons d'employer pour la voie en *descente* de ces plans inclinés: puis nous garnissons le fond de ces rails de *semelles en bois*, et nous y plaçons en outre de la terre, du sable ou du beton pour ramener la surface sur laquelle les roues des machines et des wagons marcheront, à présenter la consistance des routes ordinaires.

Avec ce système de construction, on voit que les chariots seront maintenus dans la voie du chemin par les rebords mêmes des rails creux dans lesquels leurs roues seront engagées, et en outre qu'ils marcheront sur une voie qui, par son analogie avec les routes ordinaires, s'opposera à toute précipitation, puisqu'une pente de $0^m,02$ par mètre ne suffit pas sur ces routes pour déterminer le mouvement spontané des voitures.

Ainsi, à la descente des plans inclinés aussi bien qu'à la remonte, les convois seront placés à l'abri de tout accident par la nature même de ces dispositions, et cela *indépendamment de toute action des freins*, ce qui justifie la proposition que nous avons faite d'employer sur la nouvelle ligne de chemin de fer projetée entre Paris, Saint-Cloud, Versailles, Saint-Germain et Poissy, des plans inclinés dressés à 0^m,02 par mètre puisque ces inclinaisons, auxquelles le projet devra la plus grande partie de ses avantages, ne peuvent nuire dans aucun cas à l'activité des communications ni à leur sûreté.

Au reste, il est évident que, quoique ce système de construction ne soit présenté ici que comme une modification commandée pour ainsi dire par les circonstances du tracé particulier auquel nous en faisons l'application, il n'en est pas moins de nature à être employé avec avantage dans beaucoup d'autres circonstances et sur d'autres lignes que celle qui fait l'objet spécial de ce Mémoire.

Presque toujours, en effet, on aura la facilité, au moyen de ce système, de diminuer la longueur du tracé ou de réduire les dépenses de construction des projets de chemin de fer : car en employant des plans inclinés à 0^m,02 par mètre dans le tracé de ces chemins, on pourra presque toujours éviter des travaux considérables, soit en déblais, soit en remblais, soit en galeries souterraines, ce qui, dans certain cas, rendra accessible à la spéculation, sans subvention du gouvernement, des lignes indispensables qui n'auraient pu s'exécuter avec les méthodes ordinaires qu'au moyen de sacrifices considérables de la part du Trésor public.

Mais l'influence véritablement utile de ce nouveau système de construction résultera surtout de la facilité qu'il donnera aux ingénieurs de maintenir *les pentes ordinaires* des projets de chemin de fer de la France dans les limites étroites où l'expérience indique que l'on doit les renfermer, sous peine de ne former que des projets imparfaits, qui ne présenteraient ni toute l'économie ni toute la sûreté que l'on obtient aujourd'hui des perfectionnemens apportés dans la construction de ces chemins et de leurs véhicules.

Pour réaliser ces avantages dans toute leur étendue, l'on a constaté en Angleterre qu'il ne fallait pas que les pentes ordinaires des chemins de fer excédassent trois millimètres par mètre, et qu'au-delà de cette limite l'économie des transports ou la sûreté des voyageurs étaient compromises.

105

Et cependant, dans le plus grand nombre des projets qui ont été soumis aux enquêtes publiques en France, soit ceux établis aux frais de l'administration, soit ceux qui sont présentés par des compagnies particulières, il existe encore des pentes de 5, 6, 7 et 8 millimètres par mètre, semblables à celles dont on a fait usage dans les premiers essais des chemins en fer, pentes que les Anglais, nos précurseurs en industrie, font disparaître même de leurs chemins d'exploitation, et qu'ils proscrivent surtout des lignes principales de communication, en consentant pour cela aux plus grands sacrifices.

Si nous nous sommes laissés devancer dans la construction des chemins de fer en France, profitons au moins du bénéfice de l'expérience acquise, en parcourant la carrière ouverte à cette industrie à partir du point où elle est parvenue, et en évitant les imperfections et les tâtonnemens qui accompagnent toujours les inventions nouvelles. Vouloir employer aujourd'hui des pentes de 8, de 7 et même de 5 millimètres par mètre dans les parties ordinaires des chemins en fer, ce serait remonter à l'enfance de l'art, ce serait méconnaître l'état actuel de la science et ses progrès.

Aussi le Conseil général des ponts et chaussées repousse-t-il, comme nous l'avons dit précédemment, toute pente qui excède cinq millimètres par mètre, et s'il permet d'employer cette dernière, c'est seulement comme *limite* et en vertu d'une décision qu'il modifierait sans doute aujourd'hui, et qu'il a prise à une époque où les perfectionnemens des chemins en fer n'étaient pas encore assez avancés pour exclure rigoureusement l'usage de cette dernière pente.

C'est peut-être aussi parce que le sol accidenté de la France s'oppose à ce que l'on puisse y parcourir de grandes distances au moyen des inclinaisons que comporte seulement aujourd'hui l'exécution perfectionnée des chemins en fer, que le Conseil des ponts et chaussées a cru nécessaire de donner un peu plus de latitude à ces pentes dans les projets établis pour ce pays. Quoi qu'il en soit, nous ne partageons pas cette manière de voir, et nous pensons au contraire que loin d'introduire dans les projets des chemins en fer des pentes que repoussent ces voies de communications, il serait préférable de chercher à surmonter les difficultés locales par des moyens particuliers qui n'attaquent que des parties très-limitées des chemins en fer, et qui laissent au surplus de ces chemins tous les avantages que l'on doit en attendre.

Les plans inclinés avec machines fixes sont les moyens ordinairement employés à cet effet; mais ces plans sont dangereux, et à ce titre ils sont repoussés des chemins en fer particulièrement employés au transport des voyageurs ; cette expulsion ramenait donc la question à ce point de trouver un moyen exempt de danger pour faire surmonter à un chemin en fer les accidens du sol qui forceraient à s'éloigner des règles sévères qui doivent présider au tracé de ces voies de communications.

C'est cette question que nous avons examinée et qui nous a conduits à proposer l'emploi de plans inclinés dressés à 0^m,02 par mètre, au moyen desquels on pourra toujours *sans danger et sans grande difficulté* franchir les principaux accidens du sol, de manière à ce que sur tout le reste de leur développement les chemins en fer dont ils feront partie puissent se conformer aux conditions essentielles à la sécurité et à l'économie des transports.

Les développemens dans lesquels nous sommes entrés dans le courant de ce Mémoire justifient suffisamment cette assertion, et prouvent en outre, comme nous l'avons dit plus haut, qu'en beaucoup de circonstances ce système de construction, indépendamment de son objet principal, pourra donner lieu à une quantité considérable d'avantages secondaires qui recommandent d'autant son usage.

Toutes ces considérations ont fixé l'attention d'un grand nombre de personnes occupant les plus hautes positions sociales, qui, comme nous, ont cru voir dans ce nouveau système de construction un moyen simple et économique de résoudre les principales difficultés qui s'opposent en France à l'exécution perfectionnée des chemins en fer : c'est particulièrement sous ce point de vue que la question du chemin en fer de Paris à Poissy leur a paru une question d'utilité générale, et c'est ce qui les a engagées à joindre leur influence à nos démarches pour réclamer de l'Administration des ponts et chaussées un jugement motivé sur ce projet, qui depuis long-temps est soumis au Conseil, et sur lequel nous attendons une décision, que son importance devait peut-être rendre plus prompte.

Paris, le 1er décembre 1835.

L'ingénieur des ponts et chaussées ,

Signé **SURVILLE.**

L'architecte ,

Signé **GUILLAUME.**